人生的底气

樊登 著

中信出版集团 | 北京

图书在版编目（CIP）数据

人生的底气 / 樊登著 . -- 北京：中信出版社，2023.1（2025.3重印）
ISBN 978-7-5217-4960-1

Ⅰ.①人… Ⅱ.①樊… Ⅲ.①孟轲（前390-前305年）－人生哲学－通俗读物 Ⅳ.① B222.5-49

中国版本图书馆 CIP 数据核字 (2022) 第 208572 号

人生的底气
著者： 樊登
出版发行：中信出版集团股份有限公司
（北京市朝阳区东三环北路27号嘉铭中心　邮编　100020）
承印者： 北京通州皇家印刷厂

开本：880mm×1230mm 1/32　印张：8.5　　字数：163千字
版次：2023年1月第1版　印次：2025年3月第12次印刷
书号：ISBN 978-7-5217-4960-1
定价：59.00元

版权所有·侵权必究
如有印刷、装订问题，本公司负责调换。
服务热线：400-600-8099
投稿邮箱：author@citicpub.com

目录

自序　你就是你最大的底气　　　　　　　　IX

第一章
初心的力量

不忘初心，才能克制欲望	003
内心力量是行动的源泉	008
别为利益丢了底线	012
承认私心不丢人	017
真正的尊贵始于内在的尊严	021
找寻丧失的本心	025
本自具足，才能心生力量	029

第二章

人生的节奏

遵从自然规律,才能万事畅达	037
认清自己的价值很重要	042
谋事做事,量力而行	046
坚持,是先行者的基本准则	050
学会学习,才能有所收获	054
要懂得扩充"四端"	058
想教好孩子,先活好自己	062
环境是最好的老师	068
舍近求远,只会徒增负担	073

第三章

选择的智慧

突破非此即彼的选择困境	079
做事既要坚守原则，也要灵活多变	083
学会选择，守住底线	088
因时制宜，与时间结伴同行	092
不做什么比做什么更重要	096
追求成功要懂得乘势和待时	100
以出世之心，做入世之事	105

第四章

交友的心态

洞悉对方内心想法，才能有效沟通　　111

交友的"三不原则"　　115

以恭敬之心与人交往　　119

学会与古人交友　　123

负能量者不可结交　　127

远离那些沽名钓誉的人　　130

第五章

反思的深度

你是自己内心冲突的根源	137
善于反省，才能不断成长	142
时刻审视自己的"立场"	147
领会读书的外延和内涵	151
做事要善于推己及人	155
"知耻"才能让自己变得更好	159
逃避永远无法解决问题	163
以确定性应对不确定性	167
用比较思维理解事物的发展规律	172

第六章

善念的奇迹

善念来源于恻隐之心	179
善良的内心胜过外在的虚名	184
爱出者爱返，福往者福来	188
做事不在于好坏，在于境界	192
只有心存仁义，方能无往不利	197
一点浩然气，千里快哉风	202
多做对社会有价值的事	207
发现人生真正的快乐	212

第七章
成长的方向

思维方式决定人生走向 219

内心富足，生命会变成一部杰作 223

别人能做到的事，你也能做到 227

任何时候都不应自暴自弃 232

先让自己强大，再把事情做好 236

脚踏实地才能走得更远 241

世上总有人比你天赋高，还比你努力 246

探求与求知永无止境 250

保持终身成长的习惯 253

自序

你就是你最大的底气

孟子为什么有底气？

春秋的时候人们还比较讲礼，连打仗都不怎么下死手，所以孔夫子可以"温良恭俭让"以得之。三家分晋是从春秋到战国的分水岭，曾经的霸主晋国被它的二级封建贵族分为韩赵魏三家。魏国率先开始任用法家人物进行改革，人们开始变得残暴、嗜杀、没有耐心。儒家的那一套"你若盛开，蝴蝶自来"的仁政思想太慢，太理想主义，也太危险，魏国、秦国的战车已经开动，你才开始搞井田制、什一税，未免太迂腐了些。所以，孟子面临的职场环境是很差的，就好像你在人人都做互联网高科技的时代劝大家慢一点、不着急一样。

然而孟子并不怕，甚至还有点嚣张。在《孟子》开篇，他见到的人就是最爱打仗的魏惠王，因为魏国的国都在大梁，所以人们叫他梁惠王。梁惠王也不客气，说："老头，你不远千里而来，一定是给我们国家带来好处的吧？"梁惠王习惯了法家和纵横家的套路，认为孟子带来的一定是各种表格战略和战争建议。就像今天的一家大企业见到咨询公司，首先就问："如何提高我们的利润率？怎么获得更大的市场占有率？"孟子说："王何必曰利？""动不动就说利润，你俗不俗？我来跟你谈谈企业的价值观吧！"孟子的大义凛然震慑住了梁惠王、齐宣王、滕文公这些大大小小的君主。虽然后来未必按照孟子的咨询方案办，但至少，咨询费都结了。

目光短浅的人会说孟子不切实际。他说天下将"定于一"，这个"一"是一个不嗜杀的王者。但结果天下被最嗜杀的秦国统一了，打脸啊！但如果孟子还在，他会告诉你残暴的强秦只是历史上的一朵小浪花，因为法家的统治思想才是理想主义。他们把老百姓都当作傻子、懦夫、奴才。儒家把人当人。所以老百姓不会像墨子要求的那样无私，也不会像杨朱说的那样自私，更不会像法家设想的那样懦弱。老百姓需要土地、粮食、衣帛和蛋白质，需要王者之师的保护，需要君子、大人的教诲。后来的人理解了孟子，他所说的比孔子更加清晰具体和坚定。所以最终中国走向了"儒法国家"的稳定结构，儒家的理想和法家的手段相结合，也算是某种程度上的中庸吧。

所以孟子的底气首先来自他的自洽。他认同孔子的理念，并想通了自己的使命。"岂好辩哉？予不得已也。"当他认识到自己的使命、愿景、价值观以后，剩下的就是心无旁骛地做事了。他拿着自己的商业计划书四处游说，参加各种学术和商业活动，与墨家、杨朱、纵横家、法家展开辩论，扩大儒家的社会影响力；他培养学生发展队伍，与贵族和王侯们交朋友，寻找让儒家思想落地的机会；他说寓言、讲故事，结合案例展开讨论，把儒家的思想成体系地融入生活的方方面面。他做了自己能做的一切。所以在一贯论资排辈的中国传统文化中，孟子能够超越颜回、曾参成为亚圣，实在是实至名归。可以说没有孟子的大义凛然和中流砥柱的作用，儒家很可能沦为诸子百家中的普通一员。

孟子的另一个重要的底气来源是他对于人性的坚信。这个世界到底是好人多还是坏人多？人性本来是善良的还是邪恶的？这些问题可能难以有确切的答案，但是你可以选择自己相信什么。荀子选择相信"人性恶，其善者伪也"，这个选择冷静而智慧，但缺乏光辉和力量。孟子相信"人性本善"，这个选择可能让他伤痕累累，但是大而有光辉！当你选择像荀子一样冷眼旁观，也许会少受一些欺骗和背叛，但你的内在力量也在不断损耗。为了一群骨子里就坏的众生，我们拼搏个什么劲？而当你选择像孟子一样傻傻地对人性充满期待，你的每一次努力都突然有了价值。即便是做错了事的坏人，在你眼中也成了迷途的羔羊。这种前提才能够带来源源不断的爱和力量。所以孟子说他善养浩然之气，并非每天呼吸吐纳练气功，而是"集义而成"。

最后，孟子还有一股底气来自对自己负责。他虽然每天奔走呼号地想要改变这个世界，但他唯一要有所交代的只是自己。"有不虞之誉，有求全之毁"，孟子对于来自社会的评价早已洞若观火。你只需要做好自己，不断地反省和改变。如果你自忖没有问题了，那些依然向你不断吠叫的就是禽兽了，跟一群禽兽你较什么劲？如果你觉得你所做的事是道义所在，那么，虽千万人吾往矣！

读《孟子》和读《论语》的感受完全不同。孔子让你赞叹，一个人说话做事竟然能如此合适！孟子则给你力量，一个人可以不怕敌人、不怕强权、不怕失败，甚至不怕犯错！

今天的职场当中最热门的话题能反映出大家最大的困惑。比如：躺平还是内卷的问题，追求理想还是向现实妥协的问题，该创业还是守住这份工作的问题，等等。其实我们总是处在患得患失之间，孟子并不能替我们做出决定，但是读《孟子》可以培养我们的浩然之气，让我们的人生境界上升一个层次。很多问题在原来的层次是无解的，但当你的人生产生了位移，从更高的高度上看，那些问题就不再是个问题。比如年轻人常问：为什么我努力读了书，但生活没有变好？孟子就讲了"杯水车薪"的故事。他说水能救火这是大家都知道的，但你用一杯水想去救一车正在燃烧的柴草肯定是不行的。我们的努力和精进有时候就是要等待击穿阈值的那一刻。孟子就是这么善于讲道理，他的书能够成为经典，就是因为一代又一代的中国读书人曾经被他点醒，被他提升。

这本书来自《樊登讲〈孟子〉》的课程，我对《孟子》进行了逐字逐句的精讲，但因为体量太大，恐怕大家读起来太花时间，于是从《孟子》中选择与我们的日常最切近的内容，结合现代生活的实际呈现给大家。希望读者朋友能获得孟子的力量、勇气和智慧。

第一章

初心的力量

乐民之乐者，民亦乐其乐；忧民之忧者，民亦忧其忧。

——《孟子·梁惠王下》

不忘初心，才能克制欲望

春秋时期，齐景公和大臣晏子之间有一段对话，大意是这样的：齐景公想出去视察一下民情，但他怕别人认为他是借着视察的由头四处游玩，于是就问晏子，自己怎么做才能让视察看起来高大上一些，让百姓觉得他是在做好事，而不是消耗百姓。

晏子的回答很有意思，他说："大王您这个问题太好了。天子到诸侯的地方巡游，叫巡狩；诸侯去朝见国君，叫述职。但不管怎样，一切都是为了工作。古代时，国君出去巡游，看到有缺种子、缺牲口的，就赶紧从国库拨付，支持老百姓的农业生产；秋天看到有歉收的地方，又忙着发放补助，不让老百姓饿肚子。所以古时的老百姓都盼着国君巡游呢！现在不同了，国君一出行，兴师动众，跟土匪下乡似的，根本不管老百姓死活，从而导致百姓怨声载道。这种违背天意、流连荒亡的行为，下面的诸侯也感到忧心忡忡。"

晏子这段话是想告诉齐景公，你要是打心里想视察民情，就不要给百姓和各地官员造成那么多负担，而是去尽一个君王的本分，做你该做的事，别只顾自己的私欲和享受，不顾百姓的死活。

这个故事后来被孟子引用到与齐宣王的对话当中，这段对话也称"雪宫问乐"。关于雪宫，我的理解可能是一个以白色为基调的宫殿，平时用于国君休闲度假。在对话中，齐宣王问孟子："贤者亦有此乐乎？"意思是说，你是德行高尚的圣人，也喜欢在雪宫里度假吗？

孟子回答说："我当然喜欢呀，如果人不能得到这种快乐，那他们就要埋怨国君了。得不到就埋怨国君，那肯定不对；但作为国君，如果只顾自己享乐，不能与民同乐，肯定也不对。"

在孟子看来，一个人如果得不到好的享受就抱怨领导，自然是不对的；可作为领导，你只顾自己享乐，不顾老百姓，也是不对的。你看，孟子总是善于从不同的角度来思考问题，认为不管是领导者还是被领导者，都要适当约束自己的行为才行。

那么国君应该怎么做呢？

"乐民之乐者，民亦乐其乐；忧民之忧者，民亦忧其忧。"国君能以百姓的快乐为自己的快乐，百姓就会以国君的快乐为自己的快乐；国君能以百姓的忧愁为自己的忧愁，百姓就会以国君的忧愁为自己的忧愁。领导者心里装着大家，真心对大家好，和大家心连心，大家才会希望你好，愿意与你同甘共苦。

这段话就直接启发范仲淹写出了"先天下之忧而忧，后天下之乐而乐"的经典名句，如果一个人能以天下人的忧乐为目标，脑子里想的都是全天下人的感受，那这种人不称王的话，世界上就没人有资格称王了。

所以，孟子对齐宣王说的话，与晏子对齐景公说的话、所阐述的道理都是一样的，都是希望君王能理解什么是"乐"。这个"乐"，就是你要避免流连之乐、荒亡之行，你做任何事都要有正确的目标，这个"正确的目标"就是君主要做好自己的本职工作，履行好自己的责任和义务，也就是君主做事的初心。

我之前讲过一本书，叫《乾隆帝》。乾隆皇帝可能是历史上最喜欢出去游玩的人了，"乾隆下江南"的故事更是家喻户晓，还被拍成了很多电视剧。曾经有人给他做过统计，说他一年中几乎有大半年时间都在江南一带巡游，但他的出游却给江南的大臣和百姓带来了沉重负担。当然，他也实现了一定的转移支付，就是皇家拿出很多钱给当地，当地接待者也能赚到钱，但对于他的这种行为，历史上一直颇有争议。

其实在很多时候，我们做某件事是对是错，不见得是绝对的，但在做这件事之前，你一定要知道自己的初心是什么，你到底为什么要做这件事，以及针对这件事，你是不是已经做好了充足的准备。在这个过程中，你很可能会面临很多诱惑，产生很多欲望，这时你的初心就变得异常重要，因为只有它，才能帮你克制欲望，在前进的路上始终不偏离目标。

我之前看过一个故事，说一位老教授问他的学生们，如果到山上砍树，一棵粗，一棵细，你们会砍哪一棵？学生们立刻说选择砍粗的那棵。教授补充说，粗的那棵是普通的杨树，细的则是红松。大家想了想，又选择砍红松。而教授又说，杨树是笔直的，红松却是七扭八歪的，大家随即又改变了目标。

最后，终于有个学生反应过来，问老教授："我们砍树的目的是什么呢？"

你看，不弄清自己砍树的初衷，你就没办法做出明智的选择，也没办法有效行动。我们一生中会面临很多这样的抉择，结果如何，取决于我们的初心。

樊登读书发展至今，已经形成了一个较为完整的业务体系，自从涉足直播，我们每年的销售额也还不错。这期间有人建议我说，最好能对直播设立考核制度，激发大家的积极性，增加销售额嘛！但我却一直抱着能卖多少算多少的想法，没有设立考核制度，只要书的质量好，我们就慢慢卖。我认为，直播的意义应该与我当初创立公司的愿景是一致的，就是希望好书能被更多的人看到，所以在做直播时，我们一直都坚守这样的初衷，从容面对其间的各种变动。

人都是有欲望的，我也不例外，欲望也会直接决定人生整体的走向。但你想要不走偏，就一定不要忘记自己的初心，不论你现在在做什么，都要找准自己努力的方向，而不是被欲望轻易左右，跟着外界不断改变自己，最后可能什么都得不到。

> 舜之居深山之中，与木石居，与鹿豕游，其所以异于深山之野人者几希。及其闻一善言，见一善行，若决江河，沛然莫之能御也。
>
> ——《孟子·尽心上》

内心力量是行动的源泉

《刻意练习》和《掌控习惯》这两本书都提到过一个实验。老师把学生分为两组，教他们学习摄影。老师对第一组学生说，摄影考核的标准就是看你们一学期一共能拍摄多少张照片，谁拍的多，谁的成绩就高；对第二组学生说，大家不用多拍，最终只根据一张水平最高的作品来打分。

第一组学生接到任务后，就立刻行动起来，每天拍很多张照片，生怕自己的成绩不合格。而第二组学生就每天琢磨，研究理论、技巧，却很少出去拍照，作品数量也不多，最后只能选择一张自认为最满意的照片，忐忑不安地交了上去。

老师把两组学生的所有作品都混在一起进行评选，结果发现，那些优秀作品几乎都出自第一组。为什么？因为练习得多，成长就快。

这就叫作"坐而论道，不如起而行之"。一天到晚坐在那里讨论一件事，理论再丰富，观点再先进，也远不及真正行动起来、亲身实践一次收获大。

曾经有人跟我说："樊老师，我也知道应该多读书，多学些知识，丰富自己，可就是懒得行动，就算是拿起书来，看几行就看不下去了。我特别好奇，您是怎么做到一年读那么多书的？"

我就告诉他："因为你压根儿就没想过要读书，要提升自己，你的内心缺乏读书的力量，就算你拿起书来，也不可能读下去。"

孟子曾讲过很多关于舜的故事，舜可以说是孟子的偶像了。孟子说："舜之居深山之中，与木石居，与鹿豕游，其所以异于深山之野人者几希。"说舜当年住在深山之中，周围都是草木、石头，每天与野鹿、野猪等生活在一起，和深山之中的野人没什么区别。这样一个生活在深山之中、与野人无二的人，后来是怎么变成一位人间圣主的呢？原因就在于"及其闻一善言，见一善行，若决江河，沛然莫之能御也"，他听到一句善言，见到一个善行，就会立刻照着学、照着做，好像决口的江河一般，澎湃之势没有人能够阻挡得住。

舜的这些表现，就是因为有一种内心的力量在推动着他去做，这种力量就是以天下大任为己任，拯救苍生于水火。当心中有这样一个信念时，无论处于什么样的情况下，甚至是在最恶劣的生存环境中，他也能从善如流，决不放弃自己的目标，改变自己的志向。经过这样艰苦的磨炼，最终才成为一位圣人。

同样，当你的内心也充满做某件事的力量时，你也会像舜一样，"闻一善言，见一善行，若决江河"。而且当这种内在的求学动力足够强大时，哪怕求学环境非常糟糕，你也愿意去行动，而不需要外在的力量去推动你，强迫你去行动。

我在创办樊登读书之初，就有这样的感受。我对大家说，希望大家每年一起读上 50 本书，为更多的人做个榜样，让更多的人加入读书的行列。我那时并没有想到会有那么多人热切响应，结果不但有很多朋友加入我们的读书行列，还带动了身边的人，他们告诉我说："我们愿意做这件事，哪怕不赚钱，我们也愿意做，只要能让更多的人来读书。"

因为你的内心对一件事有一种力量、有一种强烈的期待，这种力量和期待就会激励着你去行动，哪怕没有催促你、推着你去做。我们现在在培养孩子时，动不动就要拼学校、拼学区房、拼教育资源，殊不知，即使是同一个学校出来的孩子也是天差地别。有的孩子有理想、有目标，学习就会积极主动，不用家长催，自己就自带"发动机"；而有的孩子没有目标、没有期待，就算你每天耳提面命，他也不会有行动的动力。这样的孩子，即便你想尽办法把他送入最好的大学，他的人生也不见得有什么成就。

所以，要做一件事，要实现一个目标，千万不要以为外在的条件满足就足够了，相反，内心的力量才是你行动的源泉。能不能"若决江河"，才是你人生成败最重要的分界线之一。

我们今天的生活，不知比舜那个时代的生活环境优越了多少倍，我们想要变好，也比舜容易得多，途径也多得多，而要变好的核心，就在于你内心的那个力量能不能被你发现，进而释放出来，激励着你去行动、去创造，去做更有意义、更有价值的事情。

> 且夫枉尺而直寻者，以利言也。如以利，则枉寻直尺而利，亦可为与？
>
> ——《孟子·滕文公下》

别为利益丢了底线

我之前讲过一本书，叫作《你要如何衡量你的人生》，作者是哈佛商学院教授、管理思想大师克里斯坦森。这本书中的内容是他给哈佛商学院毕业生所做的一次演讲，后来被称为哈佛商学院毕业前最重要的一堂课。但是，在做这次演讲时，克里斯坦森已经身患癌症，而他通过这次演讲告诉学生们，如果你要衡量自己的一生是成功的还是失败的，一条非常重要的原则，就是不要做任何违法乱纪的事情。因为一个小小的犯罪行为，就可能导致你前面所有努力获得的东西都没有了。

从很小的时候起，父母和老师就教育我们，做人做事要有原则、守规则，要遵纪守法，这样才能得到别人的尊重和认可，也才能坚守自我，不忘初心。但当长大后，我们发现很多人并不愿意循规蹈矩地做事，而是喜欢寻找各种抄近道、投机取巧的方法。当然，从一定程度上来说，你也不能说这种做事方法完全就是错误的，因为这的确能让你省去很多力气，或者获得更高的收益。但是，如果你经常为了利益而放弃自己的原则和底线，或者违反相应的规则，那就不行了。就像一辆不遵守交通规则的汽车一样，一次两次侥幸没事，但早晚都会出事故。

孟子也曾经多次强调这个问题，比如有一次，孟子的弟子陈代就问他，说老师您整天待在家里，不主动去拜见那些诸侯，是不是有点太拘泥于小节而误大义了？我知道您很想推行王道，如果您主动去拜见他们，效果好的话，您就能教他们推行王道；如果效果一般，那您也可以教他实施霸道。王道不成，至少还有霸道呢，总比在家里待着强呀！

同时，陈代还引用了《志》中的一句话，叫作"枉尺而直寻"。意思是说，你后退一尺，虽然有点委屈自己，但却能因此而前进八尺。用我们现在的话来说，就是以退为进，这看起来也挺好呀！

孟子没有直接回答陈代行或不行，而是举了个例子，说以前齐景公打猎，就派人拿着召士大夫的旌节去召管理猎场的虞人，让虞人给他送弓箭来。但虞人并没有来，因为他认为齐景公违反了规制，用错误的信物召自己，命令就是无效的。即使齐景公要杀他，他也没屈服。

孔子在知道这件事后，就赞赏虞人说："志士不忘在沟壑，勇士不忘丧其元。"有志之人，即使死后无棺椁，被弃于沟壑，也不怨恨；有勇之人，就算战斗而死，头颅落地，也不害怕。意思是说，人要坚守自己的志向和节操。

接着，孟子又说了一句话："且夫枉尺而直寻者，以利言也。如以利，则枉寻直尺而利，亦可为与？"这句话也是孟子对待这件事的核心观点：为了利益，你可以让自己退一尺而进八尺，那以后再为了利益，是不是退八尺而进一尺的事你也会去做呢？

孟子这句话说得太到位了！回归我们现在的生活，有多少人都在"枉寻直尺"。我就经常看到很多朋友，几乎每天晚上都在酒桌上陪人喝酒，喝得肝都要坏掉了。我就劝他们说，这样太伤身体了，你是不要命了吗？他们就说，没办法呀，不喝酒客户不签单呀！不签单，就没钱拿呀！

每次他们这么说，我都很无语。不顾及自己的身体，拿健康来换钱，这就是"枉寻"。就像孟子说的一样，只从利益的角度看问题，为了利益，会一次次地退让和迎合。总有一天，他们也会为了利益而违背自己的原则和底线，甚至做出违反社会规则的事来。

陈代是希望孟子能稍微放松点原则，原则这个事儿没那么重要，咱们要的是结果。只要结果好，什么手段不都一样吗？孟子最后又说了一句话："枉己者，未有能直人者也。"你希望别人"直"，希望别人按你的方法做事，而你的方法却是让自己"枉"，以枉而教直，这怎么能行呢？

这就像那些在酒桌上签单的人一样，你希望跟其他公司之间公平竞争，希望客户能按规则签单，但自己却一杯杯地给对方敬酒，或者私下给对方回扣，以此拉拢对方跟你签单。

再比如现在有些老师，在教育学生时，口口声声说希望学生都考出好成绩，考上好大学，以后走上社会有出息、有成就，做个成功之人，但他们用的方法却是指责、批评，甚至是谩骂，给学生造成了巨大压力。学生跟随老师学习，并非简简单单地要个好成绩，而是在跟老师学习怎么做人，怎么正确地处理问题。如果他们从老师那里学到的方法就是无所不用其极，只要方法管用，什么都敢用，那么未来他们走向社会后，为人做事也依然是无所不用其极，哪怕造成社会秩序混乱也无所谓，这是很要命的。

孟子的观点与孔子的"己不正，焉能正人"是同一个意思。在人生的道路上，我们还是应该坚持自己的操守，为了名利而委屈自己，迎合别人，并不能换来别人的改变；以自己的错误做法去矫正别人，更不可能行得通。

夫夷子信以为人之亲其兄之子为若亲其邻之赤子乎？彼有取尔也。赤子匍匐将入井，非赤子之罪也。且天之生物也，使之一本，而夷子二本故也。

——《孟子·滕文公上》

承认私心不丢人

我们现在经常听到一句话，就是"爱人先爱己"。不管是在情感婚姻当中，还是在生活工作当中，首先爱自己，让自己变得更好，然后才能有精力、有能力去爱别人或帮助别人。也可以把这一点理解为私心，先让自己的私心得到满足了，然后才有可能推己及人，用同样的心态去对待别人。可以说，我们的每一个看似理性的行为，几乎都是以"私心"作为驱动力的，如果不是这样，那么我们的选择或行为很可能就是出于一种冲动或无心之举。

说到这里，有的人也许不认同：难道父母对我们的爱也是出于"私心"吗？父母对孩子的爱不是完全无私的吗？

的确，父母对孩子的爱是无私的，甚至愿意为孩子付出自己的一切。但是，他们这样做是有一个必要前提的，那就是你是他们的孩子，你的这个身份才是他们爱你、为你付出的出发点。

由此，我们可以说，爱和所谓的无私一定是先从距离自己最近的人开始的，人也都是有私心的，这是人的天性。孟子曾说过："知者无不知也，当务之为急；仁者无不爱也，急亲贤之为务。尧、舜之知而不遍物，急先务也；尧、舜之仁不遍爱人，急亲贤也。"大意是说，智慧的人没有不想了解事情的，但一定是先了解当前最紧要的事；仁者没有不爱人的，但也有次序，就是先爱自己的亲人和贤人。即使是尧、舜这样的人，他们的智慧也不能遍及所有事物，而是会先去解决眼前的事；他们的仁爱也不能遍及所有的人，而是先去爱自己的亲人和贤人。

孟子是儒家学派的代表人物，儒家主张"老吾老，以及人之老；幼吾幼，以及人之幼"，每个人都有自己的父母、孩子，而人也一定是先爱自己的父母、孩子，再推己及人，由近及远。这个自己与别人、近与远，自然是有分别的。

孟子还曾经跟人辩驳过这一观点。在《孟子·滕文公上》中记载，孟子问墨家的夷子，墨家治丧一直以薄葬为主，为何夷子在自己的父母去世后，却厚葬父母，这不是以自己否定的东西来对待自己的父母吗？

一直以来，墨家批评儒家最多的地方就是厚葬，墨家主张兼爱，就是爱自己和爱天下人是一样的，不存在爱谁不爱谁。所以夷子给孟子的回答是：墨子之道，主张兼爱，就是要把自己的父母看得和其他人一样，不分厚薄、彼此，而我厚葬自己的父母，也是准备把这种方式推行天下的，这不算是厚此薄彼。

但是，儒家却认为这种做法是不现实的，甚至是灭绝人伦的，因为爱的根源和方式都在父母人伦之中，人肯定是先爱自己的亲人，然后才会去爱别人。如果一个人爱自己和家人与爱别人完全一样，儒家认为这是不可能做到的。因此对于夷子的回答，孟子并不满意，于是反问夷子：你真的认为，人们爱自己的孩子、侄子，与对待邻居家的孩子、不认识的孩子，是一样的吗？这些人是有分别的。天下万物，只有一个根本，就是自己的父母、自己的家庭。夷子说自己对待所有人都一样，那就是说每个人都有两个不同的根本了。显然，孟子认为夷子的说法是不成立的。

我们也经常会看到类似的例子，一些人放着自己的家人不管，却一心一意去帮助和照顾别人，这样的行为可能值得宣传，但扪心自问，每个人都能做到吗？或者说，我们愿意像他们那样做吗？我想很多人都做不到。

儒家所倡导的，就是先爱自己和自己的家人，然后再去考虑爱别人。这一点在我们讲过的《王阳明哲学》中也提到过，王阳明说："父子兄弟之爱，便是人心生意发端处。"下面的根是什么呢？就是爱自己。你先让自己过好了，让自己的家人过好了，才有能力和余力去爱别人。

《乡土中国》中有个非常重要的名词，叫作"差序格局"。它认为中国人的人际关系就像水面上荡起的一个涟漪，一层一层地荡出去。离你最近的人，就是你家庭中的核心成员，妻子或丈夫、父母、孩子，再往外是姑表亲、姨表亲等，然后才是远一点的亲戚、邻居、同事、熟人，最后一直荡到不认识的人。在这个"涟漪"中，你对他们的态度一定是有差别的，也是有私心的。你如果不同意这种观点，也可以这样想：当自己最亲近的人和你的敌人一起遭到安全威胁时，敌人对你说，你不能有私心，不能只考虑你的亲人，你也得帮帮我。这时，你会怎么做？不用我说，大家也知道怎么做。

在我看来，孟子的观点无疑更符合人性，也更具有操作性。说白了，就是要承认人是有私心私念的，每个人的行为也都是以自己和亲人的利益为原点向外扩散，再推及他人、群体、社会的。正因为这种分别心，每个人才有不同的价值观，人类才能制定出更好的制度和规则，确保这个社会更好地发展。

> 欲贵者,人之同心也。人人有贵于己者,弗思耳。人之所贵者,非良贵也。
>
> ——《孟子·告子上》

真正的尊贵始于内在的尊严

很多人渴望受到他人的尊崇,所以才会有很多人热衷于追求名利,追求高官厚禄。而这些通过他人或者通过外界争取而来的尊崇,孟子将其称为"人爵",与其相对的,则是"天爵","爵"即爵禄的意思。

"人爵"指的就是偏于物质的、外在的爵位,必须靠人委任、封赏或继承才能得来。比如,我们参与大学教授的评定,如果评上了,这是学校授予我们的;而"天爵"指的就是精神上的、内在的爵位,无须谁来委任或封赏,也无法世袭继承。比如,我们想要成为一个诗人,那就去写诗好了;我们想要做一个好人,那就去行善好了,这些是我们随时随地都可以做的。

而由此得来的尊重和荣誉，也是我们去做这些事而产生的自然而然的结果。

当然，无论是"人爵"还是"天爵"，获得之后都可以让我们收获尊重。但是从本质上说，二者又有着明显的区别，这关乎不同的选择。

晏婴在代表齐国出使楚国的时候，遭到楚国的各种刁难和设计。楚王之所以想尽办法打压晏婴，就是想通过这种方式来凸显自身的尊贵。或许一般人在面对这样的君王时，都会因为畏惧或者诱惑而选择顺从和迎合，但晏婴并没有屈服，他甚至没有因为楚国侮辱性的待客之道而愤怒离去，反而用一句"婴最不肖，故宜使楚矣"扭转了局势。

表面上看，晏婴说这句话是在贬低自己，但实际上却将自己放到了一个更为尊贵的位置，而晏婴最后也因为自身坚定的立场而获得了楚国的尊重。此举不仅维护了自己的尊严，更维护了自己国家的尊严。

晏婴在齐国备受君王赏识，但即便位高权重，也从来不讲排场，不奢侈浪费。他的生活始终十分简朴，就连齐景公亲自赏赐，他都拒不接受。

有一次，晏婴出使他国，齐景公自作主张地将晏婴的旧房进行了改造，还配备了壮马华车，意在给予匹配他身份地位的赏赐。但晏婴回来之后，却拒不肯回家，他解释说："我节俭朴素，是为了给百姓做出表率，避免奢靡之风的盛行。如果君臣都安于享乐，百姓也会争相效仿，最后导致品行不端，以后再补救就难了。"齐景公无奈，只好恢复了住房原貌，晏婴这才回到了家中。

关于这一点，孟子也曾提出过自己的观点："欲贵者，人之同心也。人人有贵于己者，弗思耳。人之所贵者，非良贵也。"意思说得很明白了，希望得到尊贵是每一个人都有的心理，不过每个人其实都拥有很尊贵的东西，只不过我们没有想到它而已。而别人给予的尊贵，并不是真正的尊贵。

和珅大家应该都不陌生，乾隆年间皇帝面前的大红人。他这一生，追名逐利，直至富可敌国，但最后的结局却十分凄惨。早年间，和珅凭借着精明能干获得了乾隆皇帝的信任和喜爱，后来通过长子与皇室的联姻，又成为皇亲国戚。

官运亨通、大富大贵的和珅并没有就此满足，仍然追逐着权和利。随着私欲的日益膨胀，他利用自身职务之便，开始结党营私，大肆敛财。和珅所追求的就是我们所说的"人爵"——官位给他带来的权威，钱财给他带来的尊贵。到最后，嘉庆皇帝列举他的条条罪状，下旨将他革职下狱，最终将其赐死，并收缴了他的全部财产。为此民间曾流传一句民谣"和珅跌倒，嘉庆吃饱"，可见和珅生前敛财数目之巨大。

直到今日，这件事仍然被人们反复当作反面教材来教育世人。所以，外物赐予我们的尊贵很容易消散。我以前讲过一本书，叫作《自尊》。这本书告诉我们，如果不能找到内在的自尊，总是希望通过别人的给予来证明自己的价值，是无法得到真正的尊重的。所以正如孟子所说，真正划算的是修养自己的身心，让自己的内在获得尊严感。当我们能够做到自尊自爱，自然而然就会获得别人的尊重和拥戴。

生，亦我所欲也；义，亦我所欲也。二者不可得兼，舍生而取义者也。

——《孟子·告子上》

找寻丧失的本心

梵高，很多人都不陌生，一个生错时代的伟大画家。27岁才正式步入画家生涯的梵高，在自己人生最后的十年，创作了超过两千幅作品，其中就包括我们现在熟知的自画像系列、星空系列、向日葵系列等等。如今，梵高的很多作品都跻身全球最名贵的艺术作品行列，但可悲的是，他在生前却没有得到别人的欣赏，而面对世人的冷漠以及自身穷困潦倒的处境，梵高从未放弃自己绘画的梦想。

梵高对艺术的痴迷甚至达到了疯狂的状态，他曾在精神崩溃的时候，亲手割掉了自己的一只耳朵，为的就是画一幅自画像。或许那只是因为一场争吵，抑或是想要抑制住自己难以平复的激动，我们无法确切地知道梵高究竟遭遇了什么，但是当我们面对他创作出来的《割耳朵后的自画像》时，看到的不是疼痛，倒仿佛是一个战士在亲身经历过风暴后，眼里所流露出来的悲愤和绝望，那是一个艺术家最用力的呐喊。这就是梵高，他没有把自己的画当作迎合市场的商品，他深刻清楚自己的本心，画着他想画的画。

梵高生前没有获取名和利，而且英年早逝，但他失败了吗？或许并没有。

孟子在《告子上》中曾说："生，亦我所欲也；义，亦我所欲也。二者不可得兼，舍生而取义者也。"意思是说，生和义都是我想要的，但是当二者不可兼得的时候，我会舍生而取义。后面他又进一步解释说，生确实是我想要的，但有些东西比活着更重要，所以不能苟且偷生。

在这里，"义"指的并不是我们常说的"义气"之类的东西，而是指每个人内心的追求，我们心中的道义，即"本心"。

当年戊戌变法的时候，谭嗣同是可以提前离开避免被抓捕的，他已经提早收到了线报，而且别人也已经给他安排好了逃离路线，但是他没有选择离开，在他看来，古来变法没有不流血的，他就要成为这场变法中流血的第一个人，正所谓"我自横刀向天笑,去留肝胆两昆仑"。这就是孟子说的"所欲有甚于生者,所恶有甚于死者"。

孟子说,不仅贤者有这样的心,人皆有之,只不过贤德的人不易丧失这种思想。其实,每个人都有自己的本心,只是很多人最后迷失掉了而已。

在《告子上》中,孟子接着说:"万钟则不辩礼义而受之,万钟于我何加焉?为宫室之美、妻妾之奉、所识穷乏者得我与?"大意是,给我高官厚禄,我如果不管是否合乎礼义就全部收下,那么高官厚禄对我又有什么好处呢?难道是为了住宅的华丽、妻妾的侍奉和熟识的穷人的感激吗?在孟子看来,如果被这些外在的诱惑所裹挟了,就会失去本心。

年轻人在刚刚走上社会的时候,大多满怀理想,希望能够干一番事业。但随着时间的流逝,当有了一定积蓄、买了房子、结了婚之后,就很容易被"宫室之美""妻妾之奉"所裹挟。慢慢地,心随外物而去,初入社会的一些理想和抱负多半已经被抛诸脑后。

有一次,许知远到我的直播间来跟我一起推荐书,当时我们俩谈到了一个很有意思的话题。他说,现在很多人都活得并不快乐,因为他们很少去想生活的意义,也很少去想自己要成为一个怎样的人,而是把注意力都放在了一些小事情上,比如哪里的超市或商场又打折了,哪里的东西比别的地方更便宜了。其实,人生之道与学问之道异曲同工,孟子说:"学问之道无他,求其放心而已矣。"学问之道没有别的,不过就是把失去的本心找回来罢了。学问之道如此,人生之道亦如此。

> 尽其心者，知其性也。知其性，则知天矣。存其心，养其性，所以事天也。夭寿不贰，修身以俟之，所以立命也。
>
> ——《孟子·尽心上》

本自具足，才能心生力量

佛家有个术语，叫作"本自具足"，简单来说，它的意思就是我们要意识到自己什么都不缺少，不需要再向外界索取能量，自身就能发光发热，自成一体。如果结合现实来解释的话，就是一个人能把自己的心照顾得很好，内心充满阳光，自己感觉到喜悦和满足。

关于这一点，我在日本企业家稻盛和夫的《心》一书中体会是最深的。稻盛和夫从一个胆小怕事，甚至连高中都没考上的普通孩子，最终成为闻名世界的经营之神，他的成功，绝不仅仅在于他有经营天赋，也不在于他洞悉了商业世界的发展规律，而在于他参透了人的天性和本性。所以，他在书中说了这样一句话："作为人，何谓正确？"说到底，人怎样活才有意义呢？稻盛和夫认为，生命的意义就在于不断去接近真我，使我们本自具足，不断地修炼自己，让心灵保持美好和纯粹的状态，这才是人要做的最重要的事。

稻盛和夫的这种观点与孟子的观点不谋而合。孟子曾说："尽其心者，知其性也。知其性，则知天矣。存其心，养其性，所以事天也。"意思是说，人要充分发挥善良的本心，这样就能知晓人的本性。了解了人的本性，就知晓了天命天道。保持人的本心，养护人的天性，就是遵循天道了。也就是说，人要想真正地获得快乐和满足，不应该去外界寻找，而应该回归自己的本心，存心养性，从本心中去寻找。

说到这里，可能有人会说，我的本心就是想住大房子，买豪车，当大官，我怎么办？

孟子告诉这样的人，你好好地想一想，就会发现，你在世界上追求的那些名、利、权、情等，并不能让你的内心得到安全感，因为这些东西都是外在的。你如果不存心养性，就很容易被这些外部的惯性牵着走。你喜欢住大房子，是因为别人住的房子比你的大；你想买豪车，是因为别人的车比你的好；你想当大官，是因为有人比你的官更大。但是这些，都不是出自你本心的需求，而是外界需求在左右着你。

梭罗在《瓦尔登湖》中写道："尘世间有许多有形和无形的枷锁，总是令我们违背初衷。然而，仔细想想看，阻挡我们的不是任何人和任何事，只是我们自己。"

说起梭罗，他的人生活法简直就是把孟子的这句话理解到了极致。

梭罗毕业于哈佛大学，在毕业之后，他并没有像身边的人那样，去追求高薪的工作和富有的生活，而是选择了一份普通工作，后来干脆返回家乡当了一名中学教员。但因为与学校的教育理念不合，他很快就辞职了，之后又回到家，在父亲的铅笔厂上班，学习制造铅笔。

不过，梭罗很快就厌烦了这种枯燥乏味的生活，加上当时经济发展迅速，随处可见的工厂，无时无刻的噪声，破坏了人们生活的安宁。于是，梭罗就做了一个"大胆"的决定，放弃舒适的生活，来到了瓦尔登湖畔。在这里，他日出而作，日落而息，与大自然融为一体，感受着大自然带给自己的无穷的生命活力，也重建了自己的内心。他认为，人在这个世界上，只要获得一点能够生存的热量就足够了，其余时间用来做什么呢？就是充分地存心养性，让自己的内在变得富足、安宁。

在今天看来，不管是孟子的主张，还是梭罗的做法，都与很多人的想法、做法背道而驰。现在，很多人的心都在向外奔驰，跟着外部世界到处跑：别人喜欢什么，我也喜欢什么；别人追求什么，我也追求什么。这时你会发现，你就只能"事"你的肉身，而不能"事"天，也不是在遵循天道。

那么有些人就会不解，说我如果遵循天道，我能有什么好处呢？我可以活得更久吗？

对此，孟子认为，人生际遇无非就是死生祸福，超越祸福是一种境界，看透生死又是一种境界。无论我们的寿命长短，都不应该改变存心养性的态度。想做到真正的安身立命，就不要去忧虑自己寿命的长短，而是要超越生死，做自己力所能及的修身养性的事情，只问耕耘，不问收获，才是真正达到了化境，才能让自己的内心获得安宁。

否则，你每天都在考虑怎么让自己活得更久，让自己得到更多，甚至去想要不要挑战一下运气，最后你会发现，侥幸带来的结果就是失去更多。更重要的是，这会让你的本心不再。你每天都生活在跌宕起伏之中，被外界所左右、干扰，内心充满了焦虑、害怕，患得患失，怎么可能不痛苦呢？

稻盛和夫也说："人生的一切，都始于心，终于心。"唯有不断地向内追求，让自己的内在充实了，你才不会整天去计较外部世界的得失。人到了一定的境界就会明白，那些身外之物往往在热闹的时候才能体现出价值，而内在的富足才是人生质量的分水岭，决定着你的未来走向和人生幸福。

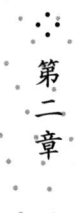

第二章

人生的节奏

> 王知夫苗乎？七八月之间旱，则苗槁矣。天油然作云，沛然下雨，则苗浡然兴之矣。其如是，孰能御之？
>
> ——《孟子·梁惠王上》

遵从自然规律，才能万事畅达

任何事情的发生与发展，都有其必然的原因和规律。如果不知道事物的发展规律，就不会理解其中不可遏制的趋势。古人常说"尊重天道，敬畏自然"，本意就是遵循规律，不论是个人还是国家、社会，如果做了违背规律的事，都很难有好的结果。

这就像农民种庄稼一样，他是不敢欺骗老天爷的，他不能手里拿着种子假装在地里撒撒，就说"我撒过了，你赶紧让庄稼长出来吧"，然后回到家等秋天收获。这是不可能的，因为他违背了自然规律。

古人早已了解了这一规则,《韩非子·扬权》中就写道:"谨修所事,待命于天,毋失其要,乃为圣人。圣人之道,去智与巧。智巧不去,难以为常。"意思是说,国君要谨慎地运用治术,遵循自然规则,不要失去治国的要领,才能成为真正的圣人。圣人治国时,要摒弃聪明和灵巧,否则就难以维持国家的正常秩序。

作为古代大儒的孟子,对此更是深有感触,在梁襄王向他请教天下一统的根本时,他告诉梁襄王:"不喜欢杀人的人,就能统一天下。"

孟子为什么这样说呢?这在当时其实是有违国君所理解的常识的。要知道,在春秋战国时期,各个诸侯国都在努力加强自己的军备力量,四处征兵、讨伐,尽可能多地杀掉别国的人,才可能让自己获得一块立足之地。而孟子竟说不喜欢杀人的人才能一统天下,显然这与当时各个国家的主张是不一致的。毕竟在当时,你不杀人就代表没能力,镇不住人,这样谁会跟着你干革命呀?

孟子所要表述的,既是自然规律的问题,也是人生规律的问题。就像你在地里种下禾苗一样,如果七八月间天不下雨,禾苗就枯槁了。这时要是下一场大雨,禾苗很快就能焕发生机,任谁都挡不住它的长势,因为这遵从了自然规律。而当时天下的国君没有一个不喜欢杀人的，如果突然出现一个不嗜杀的国君，全天下的老百姓肯定都会等着他来营救自己。老百姓一旦归附于这个人，那就像瀑布的水倾泻下来一样，这股强大的力量谁能挡得住呢？这才是孟子真正要传达的观点。

我们常说，历史发展的车轮滚滚向前，谁来阻挡都是螳臂当车，完全没用。这就遵循了一定的自然规律。我在讲书时也多次讲过，这个世界有两种规律，一种是自然规律，一种是社会规律。比如说，我打败了你，你的领地被我占有了，短期来看，这是社会规律在起作用，但从长期来看，一定是自然规律在起作用。

就拿秦始皇统一六国来说，秦始皇是个嗜杀之人，杀了很多人，灭了六国，建立了大一统的中国。表面看，这是以武力、嗜杀实现了"定于一"，似乎与孟子的观点相左。然而如此强大的秦国，却仅仅维持15年就被灭亡了，最终让天下安定下来的是汉朝。汉朝只在开国阶段打了一段时间仗，到文景之治时便开始让百姓休养生息，不再打仗。所以你会发现，在文景之治之后，汉朝的所有斗争基本都限制在朝廷之内，对老百姓影响很小，这才是真正的"定于一"。

那么汉朝的好日子是什么时候结束的呢？是到汉武帝之后结束的，因为汉武帝不但好大喜功，还有一个极大的缺点——

杀人成性，大臣犯一点小错，他直接就将其处死，毫不留情。在这种状况下，汉朝最终走向灭亡也就成为自然而然的事了。

人的一生往往是自然规律和社会规律共同作用的结果，综合来说，社会规律会在短期内起作用，如果我们把时间拉得足够长的话，最终真正起作用的永远是自然规律。

但是，很多人却只看到社会规律，看不到自然规律。我在生活中就见过很多人，在选择自己的职业时，希望能一次性找一个安稳的工作，或者当一个小官，这样一直干下去。这时社会规律就起作用了，因为这份工作看起来的确很稳定，也能让你有一定的地位，受人尊敬。可如果你在职场上混了好多年，除了喝酒应酬外什么都没学会，内心一天比一天空虚，那么有朝一日你就极有可能被职场淘汰。这就是自然规律在起作用了。

我有一位朋友，花了不少钱把自己的儿子送进了一所重点高中，当时他很高兴，认为孩子的一条腿已经迈进高等学府了。

这种心情不难理解，毕竟重点高中的教学质量好，老师水平高，教育方法更科学，孩子接触的同学更优秀，确实有利于孩子的学习和成长。

然而慢慢他发现，由于孩子之前学习成绩一般，进入重点高中后，根本跟不上学习进度，成绩经常垫底，孩子也因此变得焦虑、自卑，甚至闹着要退学。

你看，这就是非常明显的社会规律与自然规律的关系。

我之前看过一本书，名叫《世界观》，里面就提到，当先进的世界观替代落后的世界观时，永远都会以摧枯拉朽之势爆发出来。在牛顿的时代以前，宗教的世界观非常强大，人们执着于各种奇奇怪怪的法术，然而当牛顿出现，科学开始在这个世界上传播的时候，就产生了摧枯拉朽的力量。先进的生产力，先进的思维方式，先进的世界观，快速替代了腐朽的世界观，不论曾经的世界观如何强大。这都是自然规律发展的结果。

孟子与梁襄王所讲的，就是孟子所设想的先进的世界观，让老百姓过上好日子，就如同久旱的禾苗淋了一场大雨，民心归附，任何人也阻挡不了你。人遵循了自然规律，按规律办事，就会万事畅达；否则，就会受到惩罚，这种惩罚也会体现在生活的方方面面，看似是天灾，实际是人祸。

> 非其道，则一箪食不可受于人；如其道，则舜受尧之天下，不以为泰，子以为泰乎？
>
> ——《孟子·滕文公下》

认清自己的价值很重要

在春秋战国时期，很多人对知识分子存有偏见。他们不清楚知识分子在整个社会发展、文明进步历程中的重要作用，只是用很简单的方式看待问题，认为知识分子的很多做法不过是为了混口饭吃，做不出任何有实际价值的事情来。有些人甚至认为，他们都不如那些体力劳动者，因为体力劳动者可以参加劳动，靠自己的劳动赚钱吃饭，这是天经地义的。知识分子就坐在家里读读书，说说"之乎者也"，能有什么用呢？

孟子的学生彭更，就问过孟子这样的问题。孟子作为当时的大儒，经常有诸侯国请他前去，每次排场都很大，给的钱也很多。他的学生彭更很不理解，就问孟子说："老师，您看我们作为读书人，每次随从车辆都有几十辆，跟随者上百人，从这个诸侯国吃到那个诸侯国，是不是有些过分了？"

孟子回答说："如果不符合道义的，就是一碗饭，我都不要；如果合乎道义的话，舜从尧那里接受整个天下，也不过分。你觉得我现在这样过分吗？"言外之意就是，难道你认为我的做法不符合道义吗？

彭更听了孟子的话，急忙否认，但他又说了一句话："士无事而食，不可也。"我们这些读书人也没做什么事，天天四处白吃白喝，这不行呀！

孟子听了，就给彭更讲了一段话，说你认为读书人是无功而食，却不知道读书人的功劳很大。因为社会的运行是靠大家通功易事，分工协作，互通有无的，这样才能以多余来弥补不足。否则，农民种的粮食卖不出去，只能堆在家里；女子织的布别人穿不着，也只能堆在家里。只有通功易事，那些木工、车工才能从农夫那里买到粮食，从女子那里买到布匹。同样，一个人有学识、有道义，可以帮助国君治理国家，实施仁道，传播仁义，那么也应该从国君那里获得相应的报酬。为什么你能尊重木工、车工，却要轻视仁义之士呢？

孟子的这段话，我自己深有感触。现在互联网上经常有人写文章，说樊登读书现在靠卖知识挣了多少多少钱，太不应该了！讲知识还要收钱，哪有这样的事儿？

这与彭更的观点简直一模一样。既然你认为体力劳动者赚钱是应该的，那作为脑力劳动者，我们赚钱为什么就不对了呢？

我现在一年要讲52本书，内容涵盖经济学、心理学、国学、管理学、哲学等多个方面。每讲一本书之前，我都要认真阅读这本书，找出其中的重点内容，虽然不需要像学者那样钻研得很深，但起码要知道一些学科的研究方法，以便我在讲的时候，不至于让听众感到这个话题很陌生。这个过程需要涉猎很多方面，也需要花费很大的精力，这是一种脑力付出。而作为听众，我们所讲的知识给你的生活带来了改变，让你学到了知识，那么你为知识付费不就是再正常不过的事了吗？孟子早在几千年前就懂得这个道理，我想今天大家也应该明白这个道理吧！

实际上，孟子更想强调的是，知识分子并不完全像体力劳动者一样，靠着知识或技能来混口饭吃，很多体力劳动者、手工艺人等，他们劳作干活、做各种手艺，目的就是找口饭吃。但孟子认为，知识分子的核心价值应该是看他有没有为别人的生活带来改变，有没有为国家、为社会创造价值。如果你只会拿着自己所学的知识四处坑蒙拐骗，煽动他人的情绪，欺骗他人钱财，也能混口饭吃，但这却不是知识的真正价值。知识真正的价值应该是"入则孝，出则悌，守先王之道，以待后之学者"，如果你能这样利用知识，这才是你的独特价值所在。

所以，不论是古代像孟子这样的知识分子，还是我们今天的知识分子，都不应该自惭形秽，认为学知识就是为了混口饭吃，配不上"后车数十乘，从者数百人，以传食于诸侯"。如果你这么想，就陷入与彭更一样的误区，大错特错了。我们一定要认清自己的价值，认识到自己能够依靠知识为社会做出贡献。有些知识分子的劳动即使不太容易通过物质的方式体现出来，也可以通过长远的，甚至是深刻的社会认同方式体现出来。

说句题外话，其实不光孟子认同知识是需要收费的，孔子也认同，并且他也这么做过，只不过他收得少，一般也就收几条干肉而已。我们比较一下两人的"生意"就会发现，孔子做的是2C（面向普通用户）的生意，孟子做的是2B（面向企业客户）的生意。孔子的学费都是从学生那儿直接收来的，所以孔子不是很有钱；而孟子是真的很有钱，他每次都是货与帝王家，全都是像梁惠王、齐宣王这样的大国君主给予他的俸禄，并且还把他奉若上宾。这样看来，我们现在就是把孟子称为知识付费的鼻祖也不为过。

齐饥。陈臻曰:"国人皆以夫子将复为发棠,殆不可复?"孟子曰:"是为冯妇也。"

——《孟子·尽心下》

谋事做事,量力而行

儒家思想里有一种观念,不能叫作浅尝辄止,但也有不勉强、不强求的意味。一个儒家学派的人对国君进忠言,君主不听,一般情况下是不会发生死谏的——道不同,不相为谋,走就是了,你作为国君不明白我说的话的道理,看问题看不到其内涵和本质,那最好的方式莫过于分道扬镳,相忘于江湖。不顾颜面地反复苦口婆心地劝谏,换回来的绝大多数是冷漠的置之不理,何必自讨没趣呢?这在儒家思想里,称为"明知不可为而为之",是不智的做法。

陈臻问孟子,齐国这次又闹饥荒了,大家都认为您还会像上次那样为了这事去见国君，恳请他开仓赈粮，依我看，您不会这样做了吧？孟子如是作答："是为冯妇也。"

这个冯妇，大家不要以为是一个冯姓的妇人。这里是有典故的，从前晋国有个人叫冯妇，他最大的本领就是徒手捕缚老虎。到后来他认为自己的行为是很危险、很粗野的，于是就金盆洗手不干了，决心做一个举止文明的人。后来，有一天，他来到山林之中，看见一群人正在围捕一只老虎，却是围而不捕——因为没人有生擒老虎的本事和勇气。这时候，大家看到冯妇来了，喜出望外，纷纷请他帮忙出手缚虎。冯妇此时忘却了金盆洗手的誓言，杀心顿起，卷起衣袖便下车了。现场的人个个欢欣鼓舞，但这事传到其他人的耳朵里，却都讥笑他不能严守承诺，不懂得适可而止。后有成语"再作冯妇"，比喻金盆洗手后又重操旧业，言行反复，不懂得节制自己。

注意，在这个时刻，孟子和齐王的关系已经不那么亲近了，齐王不再虚心采纳孟子的建议，所以即便孟子向齐王进谏，齐王也未必会纳谏。因此，孟子不会明知不可为而去自取其辱的。所以他说道，我要是那样做，就成冯妇了。

我想起《三国演义》里的益州从事王累，他看破刘备的阳谋，就是要假借帮助刘璋抵御张鲁进而吞并益州，于是以死劝谏。刘璋不听，他就把自己捆在城门上，待刘璋经过时，将绳子砍断摔死在刘璋面前。①

王累的判断是对的，但是他对得太歇斯底里，对得不给自己留任何后路，这是不可取的。他都没了解刘璋是个什么样的人，就通过赴死这种愚忠的方式，结束了自己的生命，实际是太不自爱了。

一个人应该在任何时候都使自己保持在进退自如的状态，避免灾难性的后果发生，同时也给自己给他人留有余地。由此，我想到创业领域。

在线下读书会时，经常会有学员找我讨论关于创业的问题。在与他们的交谈中我发现一些人创业失败并非因为他们没有全力以赴，反而是因为他们过于投入，但没有做到量力而行，从而导致了自身的失败。

创业本身是不可控的，并非努力了就一定会成功。在创业时期总会出现各种各样预想不到的问题，并且时间越久问题就越多。如果将创业目标设得过高，那创业者的精力与资源绝大部分都会浪费在解决这些问题之上。但人的资本和精力终归是有限的，创业者在过于遥远的目标未实现之前，就会先被各种问题所吞没。

我一直以来都在提倡创业者要做到低风险创业。而量力而

---

① 《三国志》中记载的是王累自刎而死。——编者注

行就是低风险创业的一种。每个创业者在创业前肯定都会有自己的远大理想，但残酷的现实却是大部分人自身的实际情况远不能贴合自己的理想。如若过于不切实际地追求自己的目标，那等待着创业者的必定就是失败，就像《孟子》中记载的这个故事。

所以说，为了有效避免失败，在创业之前一定要合理评估自身能力与创业目标。清楚自己现有能力究竟能完成什么水平的目标，然后将自己的创业理想进行合理的切割和分配。先去努力实现自身能够完成的目标，在这个合理的范围内进行创业。最后在此目标成功的基础上，再逐步向最高理想发起冲击。

在做任何事情时，都需要合理的规划，在认清自己能力的情况下拼搏才能够获得回报。如果好高骛远，想让山脚下的自己一步登天，获得山巅的宝藏，是根本不切实际的幻想。这种目标下的尽力而为不仅得不到回报，还会浪费自己本就有限的精力和财力，让自己很难再拥有下一次拼搏的动力。

人生的道路很漫长，只有合理规划好自己的人生，这条路才会走得扎实又精彩。

仁之胜不仁也，犹水胜火。今之为仁者，犹以一杯水，救一车薪之火也；不熄，则谓之水不胜火，此又与于不仁之甚者也。亦终必亡而已矣。

——《孟子·告子上》

坚持，是先行者的基本准则

我们常说，身体是革命的本钱，拥有一副好身体是越来越多人的渴望。于是，健身房里的人越来越多，养生课堂上的人也越来越多。但现实却是，很多人的身体素质似乎并没有提升，面对别人的完美身材只能心生羡慕。细究原因，多半是不能坚持造成的。

想要通过健身来达到健康的目的，需要沉浸式的锻炼，更需要长时间的坚持，但有多少人能做到这一点呢？我们去健身房锻炼，经常会遇到一些办卡的活动，月卡、季卡、年卡，时间越长越划算。但是，越来越多的人宁可多花一些钱也选择办次卡，就是因为对于坚持这件事并没有太多信心。

坚持，不仅是健身的不二选择，在生活工作的其他领域，同样是获得成功的重要因素。孟子曾说："仁之胜不仁也，犹水胜火。今之为仁者，犹以一杯水救一车薪之火也；不熄，则谓之水不胜火，此又与于不仁之甚者也。亦终必亡而已矣。"大意是说，仁胜过不仁，就像水可以灭火一样。但如今行仁道的人，就像用一杯水来扑灭一车木柴的火焰一样，火焰不熄灭，便说水不能扑灭火。这样的做法正好助长了那些不仁之徒的嚣张气焰，结果连自己原有的一点点仁也失去了。

我们熟知的"杯水车薪"的故事就源于此处。用一杯水去救一车着了火的柴火，注定扑不灭，而且很可能得不偿失。不仅会把自己的一杯水赔进去，还有可能起到火上浇油的作用，让火势更猛。

正如我们去健身，原本是为了身体健康，获得好身材，但我们没有付出相应的时间和汗水，效果自然不理想。而且，短暂的锻炼还有可能增加我们的食欲，结果让我们的身体因为吃得更多而变得更糟糕。当然，其中最重要的原因是我们没有足够的毅力去坚持和付出。

樊登读书当初在做阅读推广的时候，曾遇到很多阻碍，甚至遭到很多质疑。周围很多人都说做这个没有什么前途，根本没有人会来听书。但是我们坚持了下来，最终的结果大家都看到了。而且这时候，原来那些唱反调的人都反过来承认这是一门好生意。

很多人都希望能有一个妙招，能够让生活或工作中的一些难题立刻获得解决，但实际上这样的妙招根本不存在。如果说真的有妙招，那也是——坚持。我曾讲过一本书叫《刻意练习》，这本书告诉我们，做任何事都要坚持，反复练习之后，才能获得成就和成功。

李善友教授讲创业有一个原则，叫击穿阈值。阈值就是临界值，举个简单的例子，比如我们在烧一锅水，在这个过程中一直在添柴，一直烧到99℃的时候，水看起来都没什么变化，但一旦达到100℃，水就会咕嘟咕嘟滚起来，变成水蒸气。100℃就是阈值。

孟子也曾说："五谷者，种之美者也；苟为不熟，不如荑稗。夫仁，亦在乎熟之而已矣。"大意是说，五谷是种子当中最好的，但要是种不熟的话，还比不过野草。在我们实现人生价值的过程中，这一点同样适用。想要实现心中的梦想，需要有耐心，需要坚持，需要我们变得越来越成熟。而这一切不能急，需要慢慢来，种子成熟了才能变成粮食，人的思想成熟了境界才会有所不同。

所以，健身也好，做学问也好，在获得成效之前，我们都需要一颗恒心。有决心，有动力，再加上恒心的加持，我们才能有机会击穿阈值，达到另外一个层面。

> 君子深造之以道，欲其自得之也。自得之则居之安，居之安则资之深，资之深则取之左右逢其原，故君子欲其自得之也。
>
> ——《孟子·离娄下》

学会学习，才能有所收获

有个朋友和我讲，他报名了一门工商管理博士课程，理由是该学校的系统化教学保证每位学员都能顺利完成学业。我听后大为诧异：怎么会有这样的系统？这样的营销叙事迷惑了很多人——要知道，学习这件事，是不可能有这种类似一按电钮就通电的效能的。这个朋友显然有两点没有搞懂，一是为了什么而学习，二是该用什么方法来学习。对应这两点的，是学会学习的两个先决条件，一是要知道学习是没有任何捷径的，二是学习并不是局限于书本、理论以及学历和文凭的。

这个道理浅显易懂，然而遗憾的是，当今社会过于浮躁的心态让很多人忽略了它。

我以前讲过一本书，书名叫《翻转式学习：21世纪学习的革命》。在如何学习上，这本书为我们带来了很多大有益处的内容。

这本书的作者之一丹尼尔·格林伯格在1968年协助创建了一所学校，叫瑟谷学校，它是美国第一家自主学习型学校。不同于以往的普通院校，瑟谷学校没有教学大纲，没有课程表，更没有授课老师。瑟谷学校是自由的理想教育与终身学习的理想目标相结合的实际载体。作为自由教育的先驱，它完全尊重每个学生自主学习的权利。瑟谷营造自由、开放、民主的学习氛围，提供学生自主思考问题的沉浸式学习体验，以至于开办之初，绝大多数人质疑这种完全放开的模式能否教好学生。

而实际是，自1968年创办，50多年来，在瑟谷学校学习过的人最后无一例外地取得了理想的大学学位，其中不乏有人后来成为知名学者与成功商人。如今，全世界发达国家中已经有50多所类似瑟谷模式的学校和教育机构。

一言以蔽之，瑟谷更多的是在教它的学生如何"学会学习"。

在关于如何学会学习这件事上，孟子是这样告诉我们的。他指出人要遵循一定的方法来加深造诣，从而让自己学有所获。知识只有学到自己内心里去，才能牢固掌握；牢固掌握，才能逐渐积累，积累得深厚，用起来就能够左右逢源。是日渐精熟的造诣加上经年日久的积累，造就了面对问题时的从容不迫和信手拈来，"故君子欲其自得之也"。

这里，孟子讲的两点意思十分透彻：其一，学习是出于一个人的本心，你自己的求知欲才是学习的本质。其二，学习是一个积累的过程，而积累的素材源自各个领域，是长期伴随质变的量变，不会有一步登天和功德圆满的。

知识、造诣、经验、方法，从来不局限于书本和理论。大量社会知识、生活常识、工作阅历、人际关系，都是值得用心学习和加以积累的素材，是"左右逢其原"的必要条件。

我非常喜欢高尔基的著作《我的大学》中"阿廖沙"这一角色。他坚强勇敢且正直有爱，更重要的是，他善于观察，凡事用心感受，这就是学会学习的必要潜质。在喀山奔波的岁月里，阿廖沙的大学梦一上来就破灭了，但是在喀山这所"社会大学"里，阿廖沙将码头和贫民窟作为教室，以那里形形色色的人作为教材，给自己的思想带来无尽的升华，积累了大量宝贵的社会知识与见地。他深入了解俄国穷苦农民的底层生活，提高了思想觉悟，萌发了革命进步思潮，最终投身于浩荡的革命浪潮，挽救了自我的同时迎来了新生。

并不是说走出象牙塔以后学习就结束了，也不是说学习就是钻研书本和考取各种证书。要学习与人相处和沟通的方法，要掌握工作、生活中的技巧，积累各个领域的知识与经验，进而增加自己对生活的认知和对知识的感受，让自己拥有更健全的自我，成为一个人格完整、世界观架构正确的人。

学习也并不只是读书，和别人聊天的过程也能学习，参加会议、帮助他人和接受他人帮助也能学习，关心生活中的朋友、工作中的同事也能学习，甚至听相声、看电视剧还能学习。要注意观察，用自己的心去感受，记住那些有用的理论，记住那些别人用过且成功用过的方法，去粗取精，加以效仿，学以致用。

这学习的过程会让你潜移默化地变成另外一个人，变得有技术，有责任感，有契约精神，从而得到别人和自己的肯定，增强自己的信心，最后走到哪里都不害怕。而学习的过程本身是漫长的，要克制情绪，抑制焦虑和浮躁的心性，然后就会享受到学习带来的快乐。

> 凡有四端于我者，知皆扩而充之矣，若火之始然，泉之始达。苟能充之，足以保四海；苟不充之，不足以事父母。
>
> ——《孟子·公孙丑上》

要懂得扩充"四端"

现在是一个网红经济时代，虽然"网红"这个词颇有争议，但我看到很多网红都在传播积极的价值观，分享自己的各种知识和经验，给人们的生活带来不少便利。不过，也有一些网红，为了"红"简直不择手段，对着镜头进行各种低俗的表演，或者吃着各种各样奇奇怪怪的东西，完全不在乎这些恶俗的趣味会不会给观众带来不好的影响，只要自己能出名、能红就行。

很多人也喜欢称我为"网红"，但我觉得，不管我是不是"网红"，我们都应该给大家传播正向、积极、善意的东西，而不能为了博眼球，通过各种怪力乱神成名，这到最后伤害的一定还是自己。因为这些行为已经让你丢失了羞恶之心、是非之心，结果一定是不好看的。

孟子曾经提出过著名的"四端"。其中的"端"，就是萌芽、发端、基础的意思，孟子对这"四端"的解释是："恻隐之心，仁之端也；羞恶之心，义之端也；辞让之心，礼之端也；是非之心，智之端也。"意思是说，恻隐之心是仁的萌芽，羞恶之心是义的起点，辞让之心是礼的开端，是非之心是智的初始。一个人具备了"仁义礼智"这四端，就像身体有了四肢一样，说白了，这才是一个完整的人。如果你有了这四端，还觉得自己做什么都不行，那你就是在自暴自弃，残害自己的本性。

孟子这段话其实是说，人天生是有四肢的，而恻隐之心、羞恶之心、辞让之心和是非之心这四端，就像人的四肢一样，也是生来就有的。一个人只要把这四端努力地扩而充之，不断放大，"若火之始然，泉之始达"，就会像火刚刚开始燃烧，泉水刚刚从地下涌出来一样，力量是非常强大的，甚至足以让你保四海、安天下。反之，如果你不好好扩充它们，那你连自己的父母都侍奉不好。

我们现在也常会在电视上看到一些情感家庭类节目，内容就是一家人，包括父母兄弟等，互相吵架，目的就是分房子、分钱。兄弟姐妹之间吵不清楚，还要把父母拉出来一起吵，让大家评评谁有理。这其实就是"苟不充之，不足以事父母"，四端没有扩充，自己没有获得内在的浩然之气，就没办法跟父母很好地相处，孝顺父母。

还有那些传播负能量的"网红"，他们在做一些事、说一些话时，也不会想到自己的言行会不会让人感到不适，会不会违反道德规则，会不会影响到小孩子的三观。

此外，我们现阶段社会上的种种怪现象，比如被扶老人讹人事件、滴滴司机杀人事件、各种传销事件等等，依照孟子的观点，都是因为他们没有扩充四端，任由恶意战胜善念，最终害人害己。

孟子的这段话也成为他后来提出"性善论"的基础，而孟子之所以用这么多内容为"性善论"做铺垫，目的就是推行他的仁政。因为如果人性是恶的，所有人都是坏人，你就不可能用仁政来推行天下。只有知道人心中都有"四端"，自己国家的人有，其他国家的人也有，而你只需要把它扩充开来，就能一统天下，你才会去积极地实施仁政。

后来，王阳明先生还以"致良知"概括了孟子的"四端论"，认为一个真正具备良知的人，一定是个常怀恻隐之心、明辨善恶、懂得适时辞让、是非关头保持人间清醒的人。

作为普通人来说，要时刻做到孟子所提倡的扩充四端和王阳明先生所谓的致良知，并没有那么容易，毕竟能做到这些的，可能已经是道德完善、品格完美的圣人尧舜了。但是，四端又是人人皆可从事的修行之道，只要我们在日常生活和工作当中有意识地扩而充之，遇到问题时不要怨天尤人，懂得反省自己，那么它对我们的个人成长和发展还是大有裨益的。

势不行也。教者必以正，以正不行，继之以怒。继之以怒，则反夷矣。……古者易子而教之，父子之间不责善，责善则离，离则不祥莫大焉。

——《孟子·离娄上》

想教好孩子，先活好自己

对于很多做父母的人来说，人生中除了健康、事业之外，最重要的事可能就是教育孩子了。这不仅因为我们对孩子的成长和未来十分关注，还因为我们的一言一行都会对孩子产生极大的影响。《父母的语言：3000万词汇塑造更强大的学习型大脑》的作者认为，"孩子一生的学习、行为以及健康状况都建立在与父母积极的、相互回应的、礼尚往来的基础之上"。

马萨诸塞大学心理学教授爱德华·特罗尼克曾在网络视频上完成了一个令人难忘的"静面实验"。这个关于宝宝社交需求的实验，让人感触颇多。

在视频中，一位年轻的妈妈将她的宝宝扣在一个很高的椅子上，然后跟宝宝互动嬉戏。过了一会儿，妈妈突然背对宝宝几秒钟，当她再次转过身面对宝宝时，面部犹如一张白纸，毫无表情。宝宝茫然地打量着妈妈，接着又露出阳光般灿烂的笑容，朝着妈妈挥舞小手，试图引起妈妈的回应，但妈妈仍旧面无表情。尝试了几次后，妈妈的表情都没有变化，宝宝开始变得沮丧，仅仅3分钟后，宝宝便情绪崩溃，大哭起来。

这时，妈妈又让自己恢复了之前温柔慈爱的表情，开始逗弄宝宝，宝宝又慢慢变得高兴起来了。

这个实验就让我们看到了父母对孩子的影响到底有多大。很多时候，我们可能无法想象或者根本不知道，自己无意中的一句话、一个表情、一个动作，会对孩子产生怎样的影响。

在《孟子》一书中，也涉及父母与孩子之间的相处方法，以及父母对孩子的影响等。比如，孟子的学生公孙丑就曾经问孟子："都说从古到今，君子不会直接教自己的孩子，这是为什么？"孟子回答说："势不行也。教者必以正，以正不行，继之以怒。继之以怒，则反夷矣。"意思是说，这些人并不是不教自己的孩子,只是情势上行不通。因为在教自己的孩子时,教的都是正道。如果用这些正确的道理教育孩子后,发现没有效果,那么父亲就会发怒。一发怒,就会伤害父子间的感情,让家庭失了和气。父子间感情不好,家庭不够和睦,对孩子的成长肯定是不利的,这样的教育就失去意义了。

孟子的这一观点在今天也仍然很有道理。我相信很多人都有这样的感受:自己在家教不好孩子,孩子不听话。但同样的话,老师说给孩子听,孩子就愿意听。为什么?

原因就在于父母教孩子的那些道理,有一些自己也做不到,比如不能玩游戏、不能拖拉、不能说脏话等,但他们自己却可能会在家里玩游戏,自己做事也会拖拉,也会忍不住说脏话。这时,孩子就会不服气:凭什么大人能这样做,我就不能呢?也即"夫子教我以正,夫子未出于正也",你要我做这做那,你自己却没有做到呀!于是,之前的教育就失效了。

老师教孩子的那些道理,跟父母教的没有太大区别,但孩子之所以更愿意听老师说的,是因为老师在孩子面前展现出来的都是正能量,老师说给孩子听后,自己也会做到。当然,老师也有做不到的事情,只不过在孩子面前,他们会把这些自己做不到的事情掩藏起来,不会在孩子面前表现出来。

古人早已深谙此道,所以他们才会"易子而教之",互相交换着教育孩子，你的孩子我教，我的孩子你教。这样一来，孩子所接触的都是老师善的一面，学的也都是善的道理。

与此同时，孟子还提出一个重要的观点，就是"父子之间不责善，责善则离，离则不祥莫大焉"，即父子之间不要相互求全责备，要求太多，否则就可能造成更大的不幸。

我认为孟子这句话说得特别好。我们反思一下，现在有多少家长与孩子之间都在互相"责善"？我就经常听有些家长说，我想让孩子弹琴，别的事都可以不在意，但弹琴必须要坚持，还要弹好，如果孩子不能坚持，我就狠狠地惩罚他。可是，孩子真的喜欢弹琴吗？即使弹好了，未来就要靠这个生存吗？未来一旦人们发明出一种自动弹琴的东西，你的孩子是不是就会因此而失去生存的技能？

这就是一种求全责备，结果孩子不但没有从中得到更多快乐，还影响了亲子之间的感情，得不偿失。

那么，我们是不是完全不能够教自己的孩子呢？

我个人认为，其实是可以教的，但有个前提，就是你自己一定要先成为一个表里如一、内外一致的人。你希望孩子什么样，自己首先就要做个这样的人，这时孩子才会觉得你是坦荡的、真诚的，与你相处也会更加舒适，学你的样子也会更加自然。

我们都知道梁启超教子成功，一生养育了9个子女，个个都颇有成就。

梁启超不但自己很喜欢跟孩子们在一起，当他不在孩子身边，给孩子写信时，也会表现得非常坦诚。比如，他会在信中反复强调一点，就是自己对孩子们发自肺腑、纯真自然的爱。他会对孩子们说："你们须知，你们的爹爹是最富有情感的人，对于你们的爱十二分强烈。"而且，对于孩子们的个人选择非常尊重，从来都是只给建议，绝不强求。也因此，孩子们都非常爱他。

当然，我认为更重要的是，梁启超本人也是身正以为范，学高以为师，所以在教育自己的孩子时，才真正地起到了示范作用。

我们大部分人是做不到梁启超这样的，大部分人都是自己在抱怨着、指责着、拖沓着，却要求孩子不能抱怨、不能指责、不能拖沓。你自己连榜样都没做好，怎么能要求孩子做好呢？

我之前在樊登读书中跟大家分享过一本书，叫作《人生只有一件事》，是台湾的金惟纯先生写的。金先生在那本书里面说："人生只有一件事，就是活好。你活好了，别人就会喜欢你，愿意跟你在一起，还要想成为你的样子。"同样，你活好了，孩子也愿意跟你在一起，感觉跟你在一起很快乐，并且也想成为你的样子。这个时候，你根本什么都不用教，孩子自然就会照着你的样子去做了。这要比你每天对着孩子耳提面命、谆谆教诲或大吼大叫更有实际效果。

所以，到底什么是真正的教育？孟子早在几千年前就告诉我们了，就是不要对孩子要求太多，跟孩子搞好关系，同时努力活好自己，给孩子做好示范。只有你活好了，心中有热爱，眼里有光芒，孩子就能在潜移默化中受到你的积极影响，并照着你的样子去生活，去追求更好的自己。

> 子谓薛居州善士也，使之居于王所。在于王所者，长幼卑尊皆薛居州也，王谁与为不善？
>
> ——《孟子·滕文公下》

环境是最好的老师

为人父母，最关心的无疑就是孩子的教育问题。如今，各式各样的学习模式、教育理念等纷纷传入，家长们也都本着"不让孩子输在起跑线上"的想法，竭尽全力地为孩子进行教育投资。所以我们也经常说，教育的内卷越来越严重了，"鸡娃"现象已经成为一种常态。

教育确实是孩子成长路上的重中之重，好的教育可以决定孩子追求目标的高度、未来眼界的广度以及思维探索的深度，同时也会影响孩子一生的格局。那什么样的教育才是好的教育呢？是花费巨资把孩子送入贵族学校，还是给孩子请最有名气的辅导老师？或者是给孩子报各种各样的兴趣班，目标是把孩子培养成一个全能型人才？

我认为这些都不算，爱伦·凯曾经说过："环境对一个人的成长起着非常重要的作用，良好的环境是孩子形成正确思想和优秀人格的基础。"大家都听说过"孟母三迁"的故事，孟子的母亲很重视对孟子的教育，但她既没有为孟子请什么名师，也没有把孟子送到最好的学校，而是多次迁居，寻找良好的居住环境，让环境潜移默化地影响孟子。

孟子长大之后，成为大儒，对自己曾经受到的这种教育方式也十分推崇。比如有一次，孟子就对宋国的大夫戴不胜说：如果你想让年幼的宋王走上善道的话，那我明确地告诉你，假如有个楚国的大夫，想让他的儿子学习齐国话，你认为他应该请齐国人来教，还是请楚国人来教呢？

当时宋国国君宋康王刚刚登基，尚且年幼，由大夫戴不胜辅佐。戴不胜是个贤臣，希望宋康王学好，成为一个好国君，所以就来请教孟子，该请个什么样的人来教宋康王。听了孟子的问题后，戴不胜回答说："当然是请齐国人来教了。"

孟子又说，虽然请了齐国人教他，但他周围都是楚国人，每天跟他讲楚国话，你就是拿鞭子抽他，他也学不会齐国话呀！

这种现象我们应该深有体会，有时我们想让孩子学一门外语，就给他请外语老师，或者报外语辅导班，可是每天背单词、读外文书，下很大力气，孩子的外语也不见得学多好。但如果你直接把他送到国外去，用不了一两年，他的外语就能说得很棒。这就是环境的影响。

戴不胜想给宋康王请的老师，是一个叫薛居州的善士、贤人。孟子就说："你让薛居州每天住在宫中，跟宋王在一起，如果宫中的长幼尊卑都是像薛居州这样的好人，宋王想不学好都难。但如果宫中除了薛居州外，其他人都是小人，宋王想学好，又能跟谁一起做好事呢？"

这个观点就很明确了，想要匡正国君，就要让国君周围都是正直而智慧的臣子，而不是阿谀奉承的小人。但如果国君身旁的小人多于贤臣，那国君也是学不好的。

同样，教育孩子时，如果家长认为给孩子找个好老师，就能解决孩子成长中的所有问题，那也是不对的。一个好老师就相当于一个薛居州，他可以向好的方向引导孩子，而如果孩子生活在一个充满争吵的家庭，或者每天面对的都是打麻将、不停地刷手机、懒散不堪的父母，一个老师又怎么能改变他呢？

孩子周围的整个环境，包括孩子的家庭、学校、周围的人群等，才是对他影响最大的。如果这些人不改变，你指望一个老师就能改变他，让孩子突然变好，那是不可能的。因为孩子在成长过程中，并不是你给他灌输什么，他就能学会什么，他是靠自己的观察、思考和感受来学习的，你用什么样的方式对待他，你用什么样的方式解决问题，你用什么样的态度面对生活，才是潜移默化地影响到他的东西。

我以前有个同事，特别容易焦虑。公司发展好好的，他焦虑；公司遇到了"寒冬"，他更焦虑。

有一次我就问他："你怎么这么容易焦虑呢？"

他说："你不知道，我妈妈是个老师，从我小时候起，我妈就对我要求特别严格。要是我在班里考了第二名，回到家就没饭吃，我爸妈会轮番批斗我，我妈更是会冷着脸说，'我不会给第二名做饭吃的'。所以我每次必须考第一名！"

在这样家庭环境成长起来的他，成年后遇到问题时，就会不知不觉地沿袭小时候的那种焦虑和恐惧的状态。

平时经常有家长问我："樊老师，你看我们家孩子总是有这样那样的问题，怎么办呢？"我就告诉他们，育儿先正己，你想要教育好孩子，最重要的一件事就是先改变自己，在自己身上下功夫，让自己变得更好，让你整个的家庭氛围变得更好，全家人都乐观、积极，热爱学习，努力精进，即使犯了错，也愿意承认自己的错误和不足，同时积极反思，通过不断学习提升自己。孩子都是看样学样的，他看到你的这些做事态度，也会不知不觉地模仿你，不断改变和调整自己，让自己变得更好。这才是教育的过程。

我很同意过去的一句广告语，就是"别让孩子输在起跑线上"，现在很多人反对这句话。但我认为，关键还在于你怎么看待这个起跑线。我觉得家长就是孩子的起跑线，家长本身的认知，家长的知识水平和态度，以及家长为孩子营造的环境，才是真正决定孩子成长的关键因素。

> 道在迩而求诸远,事在易而求诸难。人人亲其亲,长其长,而天下平。
>
> ——《孟子·离娄上》

舍近求远,只会徒增负担

我在读《菜根谭》时,有这样一句话让我记忆深刻:"会心不在远,得趣不在多。盆池拳石间,便居然有万里山川之势;片言只语内,便宛然见万古圣贤之心。"这句话的意思是说,你要领会大自然的美景,不需要去很远的地方;你要感悟真理,也不需要知道太多的道理。一盆花、一块拳头大小的石头中,就蕴含着万里山川的气势;短短的几句话里,也可以蕴含万古圣贤参透的哲理。这句话其实是告诉我们,要学会从眼前的风景中发现美丽,从简单的事物中发现真理。

但是,生活中很多人特别喜欢舍近求远,会为了所谓的美景跑很远的路,为了所谓的事业做很多徒劳无功的努力。孟子曾说:"道在迩而求诸远,事在易而求诸难。人人亲其亲,长其长,而天下平。"意思是说,道就在近处,而人们却要到远处去寻找;事情本来很简单,人们却要从难处下手。这就是舍近求远了。其实只要人人都从自己做起,亲近自己的父母,尊重自己的长辈,那么你做的事情就能成功,天下都能因此而太平。

孟子的话听起来好像与做事没什么关系,但它却体现出了儒家学说的核心思想,就是"老吾老,以及人之老;幼吾幼,以及人之幼"。一个人能做到尊老爱幼,"入则孝,出则悌",搞好家庭关系,让家人都开开心心的,那么你做什么事都会变得顺利,根本无须挖空心思地找那些复杂的体系、方法来解决问题。

我觉得这就特别像我们今天的教育事业。今天的教育就是"事在易而求诸难",如果你把孩子视为一个独立的生命体的话,那么你对待他的方法一定是简单的,因为简单的方法才能使孩子保持自己的生命力,自然地生长,这样的教育也会变得很轻松。

现在的实际情况是,家长都怕自己的孩子输在起跑线上,于是给孩子设置各种各样的成长路线、教育方法,把孩子搞得很累。家长自己也在培养孩子的过程中,不断地对孩子提要求、提意见，帮助孩子解决各种各样的问题，把自己搞得很累。结果，孩子不快乐，家长也烦恼。这就是一种舍近求远、舍易求难的做法。

实际上，教育并不是对孩子提要求，而是对家长和老师提要求。如果家长和老师都做对了，孩子自然就会成长得很好。孩子是有生命力的，他们知道怎么做对自己好，只是家长和老师总认为孩子不知道怎么样是对自己好，孩子得靠我管才行，否则孩子就会废掉。这就是没有把孩子当成一个独立的生命体，而是当成了一个物件，你希望不断地打磨这个物件的每个零件，把每个零件都打磨到最好，然后再把这些零件"咔"的一下组装起来，成为自己理想中最好的孩子。这种教育方式显然是不合理的，也不会让孩子变得更好。

我在自己的书《陪孩子终身成长》中就曾经讲过，经常有家长问我："樊老师，您平时监督孩子写作业吗？"我就不太理解，写作业不是孩子自己的事吗？为什么家长要监督呢？他们就说："唉，樊老师，您不知道，我家孩子写作业时，我要是不看着，他不知道拖拉到什么时候呢！"

说实话，我真的没有监督过我儿子写作业，他每天回到家后，最多十几分钟就能写完作业，我签个字就结束了。

也没人辅导他写作业，当然也没人要求他的成绩一定要怎样，但他的成绩一直很好，我们大人也没费什么劲儿。

　　我认为，如果家长能把孩子的内在动力调动起来，让他自己主动去成长，他就会自发地想成为一个优秀的人。

　　曾经有一位心理学家说过一句话，我特别认同。他说，一个人一辈子只需要面对两种关系，一种是你和父母之间的关系，另一种是你和其他人之间的关系，包括与伴侣、孩子、同事、合作伙伴等。你把这两种关系都搞好了，那么你就能与世界从容相处。你看，这就让所有难题都回归到了本质，就像我们之前讲过的一本关于复杂体系的书《深奥的简洁》中说的那样，这个世界看起来非常复杂、非常深奥的事，其实本质都特别简单，就是靠几个简单的数学原理不停地推断、裂变，最后达到一个均衡，便呈现出了世界的样子。

　　所以，越是简单的道理，往往越能解决复杂的问题，你如果非要舍近求远，那就只会徒增烦恼了。

第三章

选择的智慧

> 无处而馈之，是货之也。焉有君子而可以货取乎？
>
> ——《孟子·公孙丑下》

突破非此即彼的选择困境

20世纪90年代中期，铜价下跌得厉害，美国的一家铜矿经营遇到困难，于是这家铜矿所属的总公司就准备关闭铜矿。但是，该矿中有1000多名矿工，如果铜矿关闭，这些矿工就会失业，而且这也意味着公司决策的失误。矿区管理团队为了面子，并不愿意把矿关掉。

除了关闭铜矿，当时还有两个选择，一是不在本地炼铜，把矿石运到总公司所在的地区，用新式熔炉提炼；二是继续开采，寻找可能存在的其他矿藏。

公司高管想要直接关矿，而矿区经理想继续经营。双方各执一词，吵得不可开交，争论了几个小时也毫无进展。

你看，这像不像我们在现实生活中的一些争论？一个问题出现后，各种因素交织在一起，每个选择都有各自的理由，每个人都固守自己的观点，结果就使问题变得非此即彼、非对即错。

孟子也曾经跟自己的一个弟子讨论过类似的问题。有一次，孟子的弟子陈臻问他："您之前在齐国时，齐王给您一百镒上等的金，您没接受；而您到了宋国后，宋王送您七十镒，您却接受了；等到了薛邑，薛侯送您五十镒，您也接受了。如果您认为不接受齐国的赠金是对的，那为什么要接受宋国和薛邑的赠金呢？如果您在宋国和薛邑的接受是对的，那您为什么不接受齐国的赠金呢？"

这就是一个非此即彼的问题，你要么全部接受，要么全不接受，为什么有的接受，有的不接受？所以陈臻就此断定，孟子肯定有一次选择做错了。

我们在遇到一些问题时也容易这样思考：你要么认为A策略是正确的，要么认为B策略是正确的，不可能两种策略都对。尤其是一些习惯于在同一层面思考问题的人，总是会陷入这样的困境。

而实际上，很多发散性问题都不能简单地用这种非此即彼、非对即错的简单思维来对待，孟子给出的答案就是："我的两种做法都没错。在宋国时，我要远行，依据古礼，对方馈赠给我路费，我应该接受；在薛邑时，我有戒备之心，对方为了让我加强警卫，赠送我钱财，我也应该接受。而在齐国时，对方毫无理由地给我钱财，这不是要贿赂我吗？君子怎么能随便收人钱财，被人收买呢？所以我不能接受。"

这就是孟子理解这个问题的高度。陈臻站不到这个高度，也缺乏这个高度的认知，他认为这就是钱财的问题，你要么都接受，要么都不接受，没有第三种选择，所以他理解不了孟子的行为。我在讲《解惑》这本书时曾提到一种逻辑，就是同一个层面上出现的逻辑矛盾，通过简单的逻辑思维是根本没法解决的，要么对，要么不对，就是一种二元论。但是，当站在一个更高的认知层次去看待这个问题时，你会发现世界并不是二元的，很多事情之间原本也不是完全对立的关系，我们没必要非把它们对立起来，而是应该根据实际情况或局面的不同，辩证地看待问题，找到一个更加折中的可行性解决方案。

我们在生活中也常常遇到这种非黑即白、非此即彼的问题，比如说教育孩子，到底是该对孩子严格一点，还是宽松一点？倡导严格的人，一旦严格起来，孩子都感到压抑，不愿意跟他一起生活；而倡导宽容的人，可能又会让孩子放纵得没边界了。这两种方法一定是矛盾的。

但是，如果你能让自己的认知提升一个层次，用本能和爱来面对这个问题，严格和宽松就会有了度。所以，人必须要不断学习，不断提升自己的认知水平，才能摆脱生活中面临的很多二元选择困境。

伯夷隘，柳下惠不恭。隘与不恭，君子不由也。

——《孟子·公孙丑上》

做事既要坚守原则，也要灵活多变

我们经常听说某个人做事很讲原则，觉得这样的人很好、很难得。我也喜欢讲原则的人，但很多时候，我们在讲原则时还要考虑原则与发展的关系。如果总是被各种条条框框限制，就容易养成固定的行为习惯，甚至被固定的思维所束缚，让人失去灵活性和开拓精神，难以适应不断发展和变化的社会环境。

春秋时期，有个叫尾生的人，他跟一个女子约好在桥底下见面约会，于是就到桥底下等这名女子。等了很久，女子也没来，结果河水涨起来了，但尾生为了坚守自己的承诺，怎么都不肯走，还抱着桥柱继续等，最后被淹死了。

这样的人讲原则吗？很讲原则。值得提倡吗？不值得。

生活中有很多这样的人，他们很正直，或者说很清高，为人处世特别坚守自己的原则。如果别人的观点跟他们不同，他们丝毫不留情面，更不屑与他人"同流合污"。

孟子就曾经提到过这样一个人，就是伯夷。伯夷是个很有性格的人，他不喜欢的君主就不去辅佐，看不上的人就不去交往，也不跟一些他认为糟糕的人一起同朝为官。这种感觉就像什么呢？就像他与一个乡下人站在一起，对方的帽子没戴正，他都会厌恶地离开，生怕对方的行为把他玷污了一样。如果有诸侯派人来好言好语地请他，他也不去，因为不屑与对方为伍。

你看，伯夷这样的人就像是有道德洁癖一样，孟子称他为"圣之清者"，就是圣人中最洁身自好的人。但是，孟子对伯夷的处事方式并不推崇，因为这种人只有在理想的社会环境下才可能有所成就，现实社会不可能一切都满足伯夷的要求。如此一来，像伯夷这种思想僵化、过于固守自己原则的人，必然难以生存，更不可能有机会施展自己的才华和抱负。所以孟子认为"伯夷隘",就是做法太狭隘了,如果大家都像伯夷这样干,那就没法干活了。而且最重要的是,那些所谓的恶人也是伯夷用自己的标准定义的,他不屑与这些人为伍,看似是坚守原则,其实是自己心胸不够开阔。

也有一种人跟伯夷刚好形成鲜明的对比,这种人跟什么人都能相处融洽,他不觉得给道德不好的人做事是什么耻辱,也不因为自己能力不足就觉得自卑;你冷落他、羞辱他,他也不怨恨你,甚至还愿意主动跟你结交。很显然,这样的人在社会上可以混得如鱼得水,很吃得开。

孟子也举了一个代表人物,就是柳下惠。柳下惠这个人很有意思,在《论语·微子》中记载了关于他的一个小故事:

> 柳下惠在鲁国担任掌管刑罚的官,大概就是典狱长,负责监狱事务的,结果多次被罢免。有人很不解,问他说:"你都被罢免好几次了,怎么还不离开鲁国呢?"
>
> 柳下惠回答说:"如果像我这样,一向以正直的方法跟人相处,去哪儿不会遇到这样被罢免的事情呢?如果不用正直之道来与人相处,那我为什么一定要离开故国家园呢?"

柳下惠这段话的意思是说，天下乌鸦一般黑，这个体制就是这样，我在这里会被罢免，换个地方做典狱长也一样会被罢免。

这种态度看似有道理，但我们如果仔细研究一下，就会发现他的话是有逻辑漏洞的，这个逻辑漏洞就是他认为全世界都是一样的。我们经常说"树挪死，人挪活"，你换到一个合适的地方，就可能发挥更好的作用，而如果你认为这个世界上没有合适的地方，哪儿都一样，自己到哪儿都是这样的结果，这就是一种逻辑漏洞。

柳下惠的做法就与伯夷走向了完全相反的方向，尽管他可能很混得开，但他不加选择地为人做事，甚至是为坏人做事，仅凭这一点，孟子就说他"不恭"，做事不庄重、太随便、没原则。虽然这样的人头脑灵活，容易与人相处，也善于灵活权变，但也可能会投机于世，甚至会助纣为虐。

类似伯夷和柳下惠这样的人在社会上有很多，有些人还故意把自己打造成这种人设，因为这会让自己显得有个性、很特别。大家如果看现在电视上的一些流行节目，就会经常发现这类人，他们标新立异，给自己贴标签，并且这个标签越简单、越个性，就越容易被人传播。有些人甚至还会故意从自己的个性上找一些瑕疵，将其放大，便于人们记住，增加自己的知名度。

显然，这些都不是正确的处世之道，也不值得效仿。真正值得我们效仿的，应该是那些既坚守自己做人做事的原则和底线，又能根据社会要求随时调整自己，努力去适应社会发展要求的人。能坚守自己的原则，这是对自己个人信仰和价值观的守护；能灵活地调整自我，这是对客观环境和世界的适应。两者缺一不可。

可以取，可以无取，取伤廉；可以与，可以无与，与伤惠；可以死，可以无死，死伤勇。

——《孟子·离娄下》

学会选择，守住底线

人生在世，会有很多的十字路口，大机遇也总会有那么几次。每当走到这样的十字路口的时候，实际上，人面对的是关于选择的问题。选择，就意味着取舍，取舍关乎拿来、给予，甚至献身。

清朝重臣和珅自幼贫苦，早年父母双亡，但他聪颖好学，很快出人头地，年仅23岁便做了皇帝的侍从。自此，和珅的仕途平步青云，扶摇直上。

后来，在查办云贵总督李侍尧的大案中，和珅面临了选择，本应秉公查办的他，面对李侍尧及其党羽的大量私产，利欲熏心，选择了私吞，加之乾隆帝的赏赐，和珅充分感受到了巨额财物带来的滋味。因为这次选择，和珅的野心越发膨胀，利用自身职务之便中饱私囊，大肆结党营私、铲除异己。此后大权独揽的他日益腐化、蒙蔽皇帝、祸乱朝纲。

然而，和珅因乾隆帝驾崩而迅速失宠，嘉庆皇帝列举他数十条重罪，和珅旋即被抄家、下狱，最终落得个狱中自尽的下场，年仅49岁。一代权臣宠臣，因为在取财、求权的道路上选择错误，迷失了自己，最终命丧宦海。

是和珅的一次次选择，最终招致了这样的后果。

在选择这件事上，孟子告诉我们：可拿可不拿的，选择拿会有损廉洁；可给可不给的，选择给予会有损恩德；可死可不死的，选择赴死有损于义勇。

关于予还是不予，则稍微有些难以理解。你可能会觉得，乐意与人分享，乐善好施，这没什么不好。既然可给可不给，那么索性给予别人，岂不是与人行方便？但孟子认为，给予人这件事，也还是要认真对待，不要随意给予。

原因就在于，过于随意的给予，会让给予本身变得像是一种施舍，或者像是在出售恩情，这就让给予变得极为复杂。那些内心注重机会成本的人，会因为接受了这种给予而产生惰性思维，进而产生对"被给予"的依赖。给予，也是需要智慧的，既要看重动机，也要讲求方法。"临渊羡鱼不如退而结网"，"授人以鱼不如授人以渔"就是这个道理。相反，那些害怕欠"人情"的人会觉得这种给予像是"嗟来之食"，因为在可有可无的给予上选择了前者，反而伤害了彼此的情谊。因此，给予也不必带着"普世"的态度，杜绝"好大喜功"，才是一个给予者好的选择。

比起前两层意思，孟子对生死的论调，更要看他的深层次含义——生死关乎"节"。"节"指的是气节，是人在面临大义、大是大非时的选择。大义凛然地慷慨赴死，别说是在当今社会，就是在古代也不是很常见。

决生死，是需要勇气的，但是，有一点值得我们注意，那就是勇敢和鲁莽可是完完全全的两回事。谭嗣同的死"去留肝胆两昆仑"，在那个神州陆沉、江山破碎的年代，从容就义是不"失节"的表现，这是真正的"我以我血荐轩辕"，他把他的剑胆琴心传承给了后人，自己则作为新救国之路上的铺路石，这是大义。

相反，我觉得同样是在那个动荡年代，陈天华的做法就有些欠妥，我绝没有反对他思想的意思，《警世钟》和《猛回头》到今天读起来还是那么振聋发聩，我只是觉得，留下有用之躯，带领后辈们投身大革命，总比蹈海自绝更有实际意义。

明末思想家顾炎武说过："保天下者，匹夫之贱，与有责焉耳矣。"意思是"天下兴亡，匹夫有责"。但是要注意，千万别被一些断章取义的论调所蒙蔽和曲解，因为顾炎武这句话前面还有一句："保国者，其君其臣，肉食者谋之。"肉食者，即当局者和把持朝政者。很明显，一个国家运转好坏用不到芸芸众生，那是官员们的事。只有到了民族和天下存亡之际，才需要所有人都勇敢地站出来。比如抗日战争，那就要全民皆兵，一定要把侵略者赶出去，但要为了延续反动派的统治而冲在前面，中国人民是绝对不干的。

人的选择关系到个体和整体的发展走势，做出正确的选择，能让我们在关键时刻不犯错误、少犯错误，从而使我们在人生的道路上遵从我们的内心、守住自己的底线。

> 伯夷，圣之清者也；伊尹，圣之任者也；柳下惠，圣之和者也；孔子，圣之时者也。孔子之谓集大成。
>
> ——《孟子·万章下》

因时制宜，与时间结伴同行

时间，是物理量，从自然科学的角度讲，时间，永远向前，永远保持自身规律，永远不受外界影响。当人第一次睁开双眼，开始感受这个世界，就注定要与"时间"朝夕相处一生。人们常说时间宝贵，但又经常因为时间而感到苦恼。有些人在工作的时候常常会抱怨时间不够用，而在空闲时又会感到时间太漫长。其实时间本身并没有变化，只是有些人用自己遇到的事情或者不同的情绪，将时间渲染成了不同的颜色。

在生活和工作当中我们会发现，有很多人都有一个比较鲜明的性格，这些性格鲜明的人一般都会在某些领域取得一定成就，但同时他们也会因为过于执着于一种性格而被现实弄得遍体鳞伤。

比如，一些刚刚大学毕业的年轻人，他们对未来有着美好的憧憬，但现实社会却无法满足这些憧憬，他们往往因受不了社会上的人情世故而变得愤世嫉俗。随着时间的推移，他们慢慢了解到一些社会的发展规律和工作规则后，才逐渐稳定下来。

工作当中除了有愤世嫉俗者，还有一类兢兢业业负责任的人，这些人对工作认真负责，对其他事情关注度不高，可以为自己手上的工作而全力以赴。与愤世嫉俗的人正好相反，他们表现出极强的稳定性，企业老板也很喜欢这样的人，因为在老板看来他们很忠诚，工作效率与工作能力都不低，而且所要付出的成本也不会太高。这样的人在古代也可以找到原型，伊尹就是其中之一，他以做事认真负责著称，曾帮助商汤制定了一套管理国家的办法，成为后世做人做官的楷模，孟子称赞他为"圣之任者"。

但是，这种性格的人也容易走向另一个极端。有些人在一个单位工作十多年，由于本职工作没有多少晋升空间，比如在公司做产品监管工作，这份工作既有专业性又有必要性，就是没什么晋升空间，这就可能造成一个监管人员十多年来的薪资调整不大。十年前的薪资是3000元，十年后的薪资是6000元，提升幅度比物价上涨还慢，最终造成的结果就是他们越干越熟，也越干越穷，想转型都很困难。

不管是愤世嫉俗的人还是兢兢业业的人，这些人的性格都比较鲜明，但在中国还有一类人比较常见，那就是"和事佬"。中国传统文化中讲究以和为贵，很多人在工作当中也希望维持一个和谐的状态，认为只有一团和气才能将公司和团队的力量更好地结合起来。春秋时期的柳下惠与任何阶级的人都能保持一种十分随和的态度，孟子称他为"圣之和者"。而"和"真的适合现在的企业吗？答案是不确定的。和气是必要的，但并不是绝对的。如果在不该和气的时候和气，那对一个企业而言无疑是走在慢性死亡的路上，就如同温水煮青蛙，看似非常舒服，实际上灭顶之灾正悄然降临。所以该争吵的时候还是要争吵，沃伦·巴菲特就曾说过："好主意都是吵出来的。"其实争吵的本质无非是沟通与交流。有时企业遇到两难的事情，通过激烈的探讨往往可以得到周全的好办法。

不同的性格在工作当中各有利弊，无论是伯夷、伊尹还是柳下惠，他们所留下的人性光辉都值得我们在工作中借鉴学习，而将这些智慧结合在一起的人就是孔子。孔子的理论与他们都不同，他在承认这三人优点的同时，认为人不应该被某种性格所束缚，应该顺应自己所处的时代，因时代的不同而选择不同的做法。因此孔子被孟子称为"圣之时者"。

如果我们仔细观察前三种性格的弊端，就会发现，这些弊端都是因为不顺应时间所致，愤世嫉俗的人之所以对社会有很大的意见，以至于工作飘忽不定，主要是因为无法很好地融入社会。他们与时代和时间为敌，最后受伤的往往只有自己。而认真负责的人，容易被一件事限制自己的视野，造成一叶障目的情况。外面明明已经有了天翻地覆的改变，这些人却仍然因为自己的习惯难以做到因时而变。对于"和"的解读，和与吵，也应根据不同时期的不同情况来决定。孟子说："可以仕则仕，可以止则止，可以久则久，可以速则速，孔子也。"孟子的意思是说，要像孔子那样，学会洞察时间的规律，该做什么的时候就做些什么。

《孙子兵法》中说："兵无常势，水无常形。"面对如今复杂多变的社会，过分执着于某一种做事方式，总会存在一些不可避免的弊端，只有学会与时俱进，甚至走在时间的前面，我们才能学到更多的知识，积累更丰富的经验。

人有不为也，而后可以有为。

——《孟子·离娄下》

不做什么比做什么更重要

人生本就是一个不断选择的过程，而选择就意味着，"人有不为也，而后可以有为"。意思是说，只有对某些事舍弃不干，然后才可以有所作为。也就是说，要想有所作为，就必须有所不为，毕竟鱼和熊掌不可兼得。孟子的这句话听起来很简单，但要做到"有不为"，需要理解这句话里所包含的四层含义。

第一层含义：不要掉入机会陷阱。

在创业阶段，经常有人请我吃饭，而每一次饭局我几乎都会遇到一个诱惑。比如，有人会在酒桌上跟我说：有一块地皮不错,咱们一起投资房地产吧。其实,无论在生活或工作的社交中,每个人都曾遇到过一些机会,有的是发财机会,有的是升迁机会,但是并不是所有的机会都是机会,有的机会很可能是陷阱。很多时候,机会和陷阱只有一步之差。一旦踏入陷阱,就会觉得每个机会都不错,但最后的结果只不过是在自己周围挖了无数个坑。

有一个挖井人漫画,大家应该都很熟悉。有个人想要挖一口水井,他先是找了一个感觉有水的地方开始挖,挖了一阵发现没有水,就换了一个地方接着挖,结果还是没有水,于是又换了一个地方接着挖……就这样,反反复复操作下来,一口水井也没挖出来,周围只是徒增了很多个坑罢了。

同样还有一个人也要挖井找水。他没有像第一个人那样东挖一下,西挖一下,而是找准了一个地方,一直挖下去,直到把水挖出来为止。

这个故事告诉我们,不是所有的机会都需要抓住,有些只会浪费自己的时间,分散自己的注意力。

第二层含义:不要忘记自己的原则和底线。

不可为的事情坚决不为，否则很可能到最后一事无成。比如在做生意时，客户为了获得更大利益想要给你回扣，你如果为了眼前利益而收取了回扣，就等于破坏了原则，丢掉了底线，甚至触犯了法律。生意场上，真正可以让客户满意的，绝不是给回扣，而是为客户创造价值，为客户解决实际问题。这样才能与客户维系良好的关系，让生意做得长久。

第三层含义：不做战略分散，要做战略集中。

巴菲特曾让自己的私人飞行员在纸上写下 25 个目标，然后他让飞行员逐一删这些目标，并把这些目标放在"不惜一切代价也要避免"的清单上——"无论如何，不要让这些事情引起你的注意"，最后只保留了 5 个目标。

这就是巴菲特的时间管理法则：专注 20% 的要事，坚决不做剩下 80% 的次要事。强调战略集中，就是要让大家把子弹集中打在最有效的阵地上，这样面对再强的敌人我们也有战胜的机会。

第四层含义：不要即时满足，而要延迟满足。

20 世纪 60 年代，斯坦福大学选取数十个孩子做了一个实验。实验人员给每个孩子分了一颗糖,并告诉他们,如果马上吃掉这颗糖,那么他们就只能吃到这一颗;如果等15分钟之后再吃,就可以再得到一颗糖。结果,有的孩子没能坚持住,马上吃掉了这颗糖,但有的孩子却忍耐了15分钟,然后又得到了第二颗糖。

经过长达30年的跟踪,实验人员发现,那些能够坚持15分钟再吃糖的孩子,比马上吃掉糖的孩子所取得的成就普遍要高得多。

"人有不为也,而后可以有为。"这句话的四个层面是值得我们每个人去认真思考和探索的。无论什么时候,我们都要保持清醒的头脑,这样才能不被欲望和琐事所左右。当断掉多余的欲望,自然就能擦亮双眼,认准一条主路勇往直前,直到成事为止。

虽有智慧，不如乘势；虽有镃基，不如待时。

——《孟子·公孙丑上》

追求成功要懂得乘势和待时

我在《低风险创业》这本书中，曾经讲过如何寻找低风险创业的机会。其实你不论是想创业，还是想成功地做一件事，都要弄清一个核心逻辑，就是怎样找到关键性的问题。说白了，就是找到一个创业或做事的时势和时机。

我记得扎克伯格在接受采访时曾经透露，说自己在学校里经常听学生抱怨，说寻找其他同学的联系方式很难，如果有个大学花名册就好了。扎克伯格就觉得，自己可以为大学更快、更好地做出这个花名册，于是脸书就借着这个问题诞生了。

广州曾有一家商场的老板，平时喜欢研究政府的各种政策、决定等。有一天，他看到广东省政府下达文件，要求各单位工厂处理库存物资，加快资金周转。这个老板觉得，企业一旦处理各类积压物资，就会为商业部门提供一批廉价商品，如果开一家廉价商店，很可能会受到企业和消费者的青睐。

于是，他马上派人到各工厂联系业务，低价收购了大量积压物资，开了一家廉价商店。结果，大量顾客涌入廉价商店内抢购商品，那些积压货品一下子成了抢手货。这位老板不但帮助很多工厂处理了积压物资，自己还大赚了一笔。

你看，这就是善于抓住时机做事带来的成功，用孟子的话说，这就是善于"乘势"和"待时"。

在《孟子·公孙丑》中，有一段孟子与公孙丑的对话，公孙丑问孟子，如果孟子有机会在齐国执政，是否能重现管仲、晏子的政绩。要知道，管仲和晏子都是齐国最了不起的人，管仲辅佐过齐桓公，晏子辅佐过齐景公，这两个人都做出了相当大的功业，齐国人都很敬重他们。

但是，孟子却不屑与管仲、晏子相提并论，因为这两个人都是以霸道治天下，而自己主张以王道治天下，并且他认为，以齐国当时的富有、广阔程度，如果能实施王道仁政，要统一天下易如反掌。公孙丑很不解，说您认为行王道能治天下，那周文王那样仁德的人，怎么活了 90 多岁，干了几十年，都没统一天下，直到第三代周成王时，才在周公的辅佐下统一天下，这是怎么回事呢？

这时，孟子就说出了一句在今天看来仍然非常经典的话："齐人有言曰：虽有智慧，不如乘势；虽有镃基，不如待时。"齐国人有句话说的是：虽然你有绝顶的智慧，但也要有有利的时势才行；这就像你虽然有镃基（一种锄具），可以下地干活，但也要等待合适的时机才行。让你在大冬天的时候拿着锄具下地干活，你能干出什么成果来？

孟子的这句话意思是说，周文王虽然很仁德、有智慧，但他当时所处的形势不好，地少人稀，什么都没有，只有岐山脚下的百里之地。他是从一无所有艰难创业的，创了一百来年才做出一点样子来，已经很了不起了。而到周成王时，一切都已成熟，他统一天下就是自然而然的事情了。说白了，周成王就是赶上风口了，风来了连猪都能飞起来，所以他成功了。孟子认为齐国当时的形势就正处于风口之上，百姓众多，国土辽阔，国家富有，只要实施仁政，就一定可以统一天下，根本没人能

人生的底气

阻挡得了。

孟子与公孙丑的这段对话，所讲的就是要善于抓住时势和时机来做事的道理。不错，乘势与待时的确是创业和追求成功的重要因素，时势和时机不对，你付出多少努力可能都毫无效果。这就像历史上的很多发明家一样，明明自己辛辛苦苦地发明了一堆东西，却因时运未到，不被认可，自己也只能过着穷困潦倒的日子；后人赶上时势或抓住时机后，很可能就会利用他们的发明大发其财。

不过，对于孟子提出的大国施行仁政就能一统天下的说法，我个人是不太认同的。我们现在看到一些大企业，稍微没做好可能就倒闭了，很多人不明白，那么大的企业，怎么说倒闭就倒闭了呢？你稍微省点儿经费，可能就会赚一个上市公司出来。其实这都是站在外面看，觉得经营大企业很容易，而我们不知道的是，大企业也有大企业的难处。

在我之前讲过的《创新者的窘境》一书中，有一种说法叫"右上角迁移力"，就是当一个公司变大之后，它一样会有很多无奈之举，它要照顾的方方面面，比如耗费的成本、所兼顾的各种体系等，都比小公司多得多，所以我们常说"创业容易守业难"。不论是一个大公司还是一个大国，做错一个决定，也许就会一败涂地、万劫不复。在这一点上，我觉得孟子把齐国

第三章　选择的智慧　　　　　　　　　　　　　　　103

实施仁政说得那么容易，可能是因为他缺乏这方面的认识和经验，没有考虑到实际上一个大国要转型、要掉头是多么难的一件事。

当然，这并不会影响到孟子提出的"虽有智慧，不如乘势；虽有镃基，不如待时"的观点的价值，这一点还是十分值得我们在创业和追求成功的过程中积极借鉴的。

> 我无官守，我无言责也，则吾进退岂不绰绰然有余裕哉？
>
> ——《孟子·公孙丑下》

以出世之心，做入世之事

我刚开始做樊登读书的时候，还是一个大学老师，一个月的工资是 6000 元，每周只需要工作半天，还能跟很多年轻的学生见面沟通，我觉得这是件特别让人愉快的事。但是，很多人就劝我说："你要是出来创业，做事专心些，肯定可以！"

后来，我确实开始创业了，但我的创业模式却是"脚踏两只船"，一边继续在大学当老师，一边出来创立了樊登读书。直到樊登读书的年收入超过 5000 万元以后，我才辞掉了大学老师这份工作。

很多人可能不理解：你明明可以好好创业，为什么还要保留那 6000 元工资的工作呢？

这让我想起了《反脆弱》一书中提到的一个概念，叫作"杠铃式配置"。它指的是创业者需要学会做多手准备，合理地分配自己的时间、精力和资源，在杠铃两头都做准备，为自己留下充足的选择权。

在这方面，孔子和孟子早已为我们做好了典范，比如孔子就曾说过："邦有道，则仕；邦无道，则可卷而怀之。"大环境好，国家兴盛，那我就做官；如果不行，那我就回去当老师。孟子则说："我无官守，我无言责也，则吾进退，岂不绰绰然有余裕哉？"意思是我没有官位，也没有进言的责任，我走或是留都由我自己决定。

孔子的话很容易理解，孟子的话似乎不太好理解，原因是孟子说的这段话是有个故事背景的。

当时，孟子在齐国推行他的王道，发现有个叫蚳鼃的司法官，遇到问题也不跟齐宣王进言，他就跟蚳鼃说，你这样不行，你是司法官，有问题得去汇报、谏言。蚳鼃就去做了，结果齐宣王没听，蚳鼃一生气辞职走了。这时，齐国人就开始议论孟子，说孟子自己跟齐宣王进谏好多次，齐宣王也没听，那孟子怎么不走呢？孟子听说后，就说："有官职的人，如果无法尽职尽责，就可以辞官而去；负责进言的人，如果君王不听，也可以辞官而去。我没有固定官职，也没有进言的责任，我进退留去，不是由我自己说了算吗？"

孟子的做法也是一种"杠铃式配置"，我不在体制内，进退均可，怎么高兴怎么来。但蚯蚓不行，就像范仲淹一样，"进亦忧，退亦忧"，最后即使辞官不做，也不甘心。

从另一个角度来说，孟子玩的其实是一种无限游戏，而蚯蚓一类人玩的则是一种有限游戏。在《有限与无限的游戏》这本书中，就有一个非常重要的点，即有限游戏的参与者需要具备一定的资格，就像孟子说的，要么你有官守，要么你有言责。我父亲以前就经常批评我，说我不好好工作，我说我做读书会，他说你这个也不能评职称，算什么正经工作？你安安分分当个大学老师，以后才有资格评职称，这才是正经工作。这就是一种有限游戏，你得具备一定资格才能参与。没有这个资格，你根本玩不了这个游戏，比如蚯蚓就失去了这个资格。

但是，孟子玩的无限游戏是不需要参与者具备什么资格的，不管你是什么身份，都可以参加。比如李白，就算他没进翰林院，照样可以写诗养活自己。苏东坡辞官后，哪怕在海南岛上待着，也照样可以写文章、写诗，做发明家、美食家。孟子也是，虽然没有官职，但照样能到各国游历，跟国君探讨政事，还经常被一些诸侯国邀请去讲道。在一个国家待得不爽了，换个就是了。他们都是无限游戏的玩家。

所以，《有限与无限的游戏》这本书就说，人一辈子一定要努力地选择玩无限游戏，而不是玩有限游戏。当然，反过来说，无限游戏的玩家也可以参与有限游戏，比如孔子就曾经做过中都宰，在体制内待过一段时间。但是，他玩这个有限游戏的过程用的却是无限游戏的心态，不让自己被游戏规则所束缚，随时都能抽身。我当时创业时的心态也是这样的，一旦创业不成功，我还能继续留在大学当老师，并不会损失什么，也不会没有退路。这时，人的状态是完全不一样的，用一句俗话说就是：以出世之心，做入世之事。看起来是在努力创业、努力工作，但并不会特别计较其中的得失，只要自己尽心尽力就好。

反之，一个人如果以入世之心做出世之事，那便容易深陷其中。就像有些人创业，每天心心念念的都是怎样才能一下子赚更多的钱；在一个职位上任职，每天想的则是怎样才能绊倒别人，自己爬到更高的职位上。这样的状态，你就很难专心做好一件事，也很难从中得到快乐。

所以，孟子讲"岂不绰绰然有余裕哉"，这种状态真的给我们树立了一个很好的典范，就是"无官守，无言责，进退自如"。

第四章

交友的心态

> 诐辞知其所蔽,淫辞知其所陷,邪辞知其所离,遁辞知其所穷。
>
> ——《孟子·公孙丑上》

洞悉对方内心想法,才能有效沟通

在《论语》最后一章,有这样一句让我印象特别深刻:"不知言,无以知人也。"就是说,你在跟人打交道时,如果不能分辨对方的言语,你就没办法了解这个人。因为"言为心声",言语是一个人思想的表达,有什么样的思想,就会有什么样的言语。所以,从一个人的言语上,我们基本就可以洞悉他的思想、目的,甚至是心机、欲望。

孟子也曾经讲过很多关于"言论""言语"的问题,其中最有名的就是《孟子·公孙丑上》中的一段,公孙丑问孟子:"您说您懂得分辨别人的言论,这个怎么理解呢?"孟子就给了一个非常经典的回答："对于那些特别偏颇的言论，我知道他所隐瞒的东西是什么；对于那些夸张的言论，我知道他所执着的东西是什么；对于那些偏离正道的奇谈怪论，我知道他错误的地方在哪里；对于那些闪烁其词的言语，我知道他所隐瞒的东西是什么。"

在孟子看来，当有以上这些情形发生时，他就能通过这些判断出一个人的内在动机是什么。简而言之，一个人的言语都"生于其心"，因为心里有这些想法，才会从言语中表现出来。这也需要我们及时提醒自己，在与人交谈时尽量保持警觉，弄清对方的真实想法，不至于被他们那些不真实、不客观的言论误导，做出错误的判断，甚至造成巨大的损失。

樊登读书有很多分销商和授权点，有些分销商和授权点经常给我提一些意见和想法，当然有些意见是很好的，但也有一些需要我认真甄别。比如，以前有些分销商就认为我们线上的内容不够全面，引入会员的方式也过于单一，活动不够丰富，等等。对于这些意见，我都会很耐心地听取。

但是，这些都是分销商内心的真实想法吗？也不见得，这时我就会通过观察和调研去搞清楚不同分销商内心真实的需要，然后再有针对性地解决问题。比如说，有的分销商担心我们会放弃他的分销点，那我就告诉他，我会一直支持他做下去，他马上就不闹了。而实际上，我的方法跟他提出的意见可能毫不相干，但因为洞悉了他内心的真实需求，并满足了他的需求，他自然就感觉踏实了。

实际上，人的思维、决策很容易受其他人言语的干扰，因为人在思考和决策一些事情时，经常会根据外部信息来决定。但人与人之间的阅历、经验、见闻，甚至所站的角度不同，理解问题自然也会出现偏差。你如果习惯于通过别人的言语来做决策、做判断，自己不去调查，就很容易出错。尤其是在管理公司时，更应该注意这一点。我就经常发现，有些公司领导特别喜欢听人说好话，你恭维他几句，给他戴戴高帽，再跟他提要求，他很快就会答应你，根本不去深入考虑对他说好话的人背后是不是有别的企图，或者出于自身利益的考虑，有意无意地选择掩饰或夸大了某些内容的叙述。

当然，要想全面洞悉别人内心的真实想法，不光要通过"知言"，还要结合他的举止、行为等。比如，你在开会时给领导提了个意见，领导频频点头，说："不错不错，你提的意见非常好，我会认真考虑一下，以后我也会注意这方面的问题。"

但是他的眼睛却在怒视着你，这就表明，他对你当着那么多人给他提意见，不给他留面子，感觉很不爽。这个内心想法已经通过他的眼神表露无遗了，任由他嘴巴怎么肯定你，此刻都变得毫无意义。

我在《可复制的沟通力》中曾经写过，每个人在自己的生活和工作中都会有自己的想法和需求，当这种想法和需求在内心出现时，我们就会向外界寻求满足。而当需求得不到满足时，我们就会表现出不满的情绪。这时，即使你口头上说着"没关系""不重要"，你的表现也会出卖你内心的想法。

所以，从根本上来说，真正的"知言"也不完全在于别人说了什么话，还要弄清对方内心发生了什么变化。因为在他没说话、没做出动作之前，这个声音就已经在他的心中回荡很久了。那些发自内心的声音、感受、念头等，才是他真正要表达的"言"。

不挟长、不挟贵、不挟兄弟而友。友也者，友其德也，不可以有挟也。

——《孟子·万章下》

交友的"三不原则"

在家靠父母，出门靠朋友。除了亲人，朋友同样是人生路上不可或缺的存在。但现实中很多人在交朋友时都怀有私心，比如只愿意跟有钱有势有能力的人交朋友，认为这样的人才对自己有用。但是，交朋友需要以心换心，需要的是真情实意，如果怀有这种功利心，很难交到真朋友，即使交到了，也多半只是点头之交。

既然对方的权势和能力都不是我们结交的重点，那么什么才是重点呢？孟子告诉我们说："友也者，友其德也。"也就是说，交朋友，我们最应该看重的是对方的品德。而且，孟子还提出了交友的三个原则：不挟长、不挟贵、不挟兄弟而友。

也就是说，在交朋友时，不倚仗自己年龄大而倚老卖老，让对方尊敬自己；不倚仗自己富贵而颐指气使，让对方屈服于自己；不倚仗自家兄弟的权势而予以震慑，让对方惧怕自己。为此，孟子还以自己的祖先孟献子为例来阐述这个道理。

孟献子是春秋时期的鲁国大夫，家中富贵，有上百辆兵车。孟献子有五个好朋友，孟子记得其中两个人的名字，分别叫乐正裘和牧仲。他们两个都没有官位，却都是贤德之人，孟献子与他们的友情非常深厚。孟献子在跟他们交往的时候，从来没有把自己大夫的身份放在前面，也从来没考虑过他们的身份，他最看重的一点就是对方的德行。

在这一篇中，除了祖先孟献子，孟子又以两位国君为例，共同来佐证自己的这个观点。

战国时期费国国君费惠公也是一个有自己交友原则的人。作为一国之君，费惠公身边自然聚集了很多人，费惠公对他们的定位和认知是十分清晰的。他曾说："吾于子思，则师之矣；吾于颜般，则友之矣；王顺、长息则事我者也。"意思是说，子思（孔子的嫡孙）是我的老师，颜般是我的朋友，至于王顺、长息等人则是为我办事的人。而被费惠公认作朋友的颜般，正是一位有名的贤人。

不仅小国的国君如此，大国的国君也是如此，孟子又讲了晋国国君晋平公的例子。晋平公有一个名叫亥唐的好友，晋平公去拜访，亥唐让他进来他就进来，让他坐下他就坐下，请他吃饭，即使是粗茶淡饭，他也吃得很香。晋平公之所以在亥唐面前如此平易近人，同样是因为亥唐是当时晋国著名的贤人。

无论是孟献子，还是费惠公和晋平公，他们能够交到真正的好朋友，正是因为他们结交朋友时从不考虑对方的身份地位，而是只考虑对方的德行。以德行为交友的标尺，然后再用"不挟长、不挟贵、不挟兄弟而友"来约束自己，自然不愁交不到真正的朋友。

但是在现实生活中，很多人都做不到这一点。他们在交友时总惦记着对方的权势和财富，总想要从对方身上获得一定的回报。这样一来，就很容易在对方面前低人一等，甚至变成对方的跟班，这就不是真正意义上的友情了。正确的做法应该是，即使对方位高权重，我们也要不卑不亢，因为我们要交的是朋友，而不是对方的权势。

还有一种人，他们在交友时从不约束自身。比如，回到农村老家，朋友请吃饭做了一桌子菜，可他们却挑三拣四，不是嫌弃不好吃,就是嫌弃不干净,弄得主人极为扫兴。这时候,我们应该做的是,即使对方做得真的不好吃,我们也要吃得津津有味。这不是虚伪,而是礼貌,更是为人处世之道。

> 万章问曰:"敢问交际何心也?"孟子曰:"恭也。"
>
> ——《孟子·万章下》

以恭敬之心与人交往

看过梁晓声的长篇小说《人世间》的人,一定会被"光字片六君子"的友情所感动。在那个贫苦的年代,他们几个人相互扶持,相互依靠,共同度过了一个又一个"寒冬"。我们羡慕他们的友情,不仅仅是被他们的真情打动,更重要的是,我们在这个时代已经很难再拥有这样真挚的友情。

千金易得,知己难求,究其原因,与这个时代无处不在的竞争和压力有关,同时也跟我们在与人交往时的态度和心理密切相关。万章与老师孟子曾就这个问题有过一番对话。

万章曾向老师孟子求教说:"敢问交际何心也?"意思是说,

一个人去交往和应酬的时候，应该保持什么样的内心？孟子只告诉万章两个字："恭也。"就是说，与人交往时，保持恭敬之心是非常重要的。

其实孔子也曾说过类似的话："君子敬而无失，与人恭而有礼，四海之内皆兄弟也。"意思是说，君子只要对待所做的事情严肃认真、不出差错，对人恭敬而合乎礼的规定，那么天下人就都是他的兄弟了。可是反观现在，不仅很少有人能够做到"四海之内皆兄弟"，而且很多时候会因为无法做到"恭而有礼"而轻易与人发生冲突和矛盾。孟子和孔子想必都不愿意看到这样的结果。

万章与老师的对话并没有就此结束。当孟子告诉万章交友要怀有恭敬之心后，万章又问："人们都说，一再拒绝别人的礼物也是一种不恭敬，这是为什么呢？"孟子回答说："尊者送你礼物的时候，你还要想想这个礼物是不是合乎礼义得来的，这样自然是不恭敬的，所以不应该拒绝。"也就是说，如果长辈送给我们一件礼物，不要多想，直接收下就可以了，这一点同样适用于现代社会的人际交往。

有些人虽然表面上不拒绝，但心里对此却是拒绝的。其实这也很容易理解，毕竟有的东西的得来并不是正大光明的。像齐桓公或梁惠王，他们都是"率兽食人"之人，也就是说，他们的金银财宝都是从老百姓那里搜刮来的,所以他们在送礼的时候,有什么理由不可以拒绝呢?但孟子对此却有不同看法,他说:"其交也以道,其接也以礼,斯孔子受之矣。"大意是说,只要是依规矩正大光明地交往,合乎礼节地馈赠礼物,这种情况下,就算是孔子也会接受的。

所以,与人交往时,一定要有恭敬之心,面对别人的馈赠,只要你们的关系合乎行为规范,开心接受就好。

关于交友要恭敬,还有一个问题很重要。一提到恭敬,很多人首先想到的就是对朋友态度谦恭,有礼貌。这只是其中一个方面,还有一点非常重要,那就是跟朋友保持一定距离。亲而有间,疏而有密,和而不同,美美与共,这才是交往的最高境界。

很多人在交友时,追求的都是与朋友"亲密无间",但这样的友情很多时候都很难长久。因为时间长了,这样就会模糊人与人之间最基本的界限,从而导致矛盾丛生,甚至反目成仇,现实中这样的例子非常多。所以,保持一定的距离才是最好的交友之道。

两只刺猬抱团取暖的故事大家应该都听过。寒冷的冬天,两只刺猬抱在一起相互依偎取暖。一开始,由于双方抱得太紧，离得太近，各自身上的刺都将对方刺伤了。不得已，它们只好调整了依偎的姿势，相互拉开了适当的距离。这样不仅可以取暖，而且再也没有伤到对方。

总之，无论是结交新朋友，还是与老朋友相处，我们如果能做到互敬互爱，同时保持适度的距离，就像两只相互取暖的刺猬那样，就能让关系随着时间的沉淀而变得愈加深厚。

> 颂其诗，读其书，不知其人，可乎？是以论其世也。是尚友也。
>
> ——《孟子·万章下》

学会与古人交友

我非常崇尚一种生活、学习、处世的观点——与古人交友。为什么要和古人交朋友？是为了走近历史。又为什么要走近历史呢？是为了让你更清楚地看到未来。在你思考未来的时候，最重要的事情就是对未来目标的设定，这取决于你如何理解自己、理解他人、理解社会、理解世界。思考这些问题，就要清楚自己目前在哪里，作为参照物，只有历史能告诉你现在在哪里，从这个角度而言，历史才是那门最重要的"未来学"。学习历史，如果不研究历史上各个年代的人物，那么历史也是无从学起的。

南怀瑾曾经说:"古人著书立说,累积了多年成功与失败的经验,穷毕生精力,到晚年出书,流传下来,我们如果不读古书,那才真是愚蠢,因为有便宜不知道捡。"读了古书,就是历史的经验,是吸取古人付出辛酸血泪的数千年经验,供自己运用,所以何必自己去碰钉子,流血流汗,茹苦含辛再领悟出同样的经验呢?

孟子在和万章谈论古人的风雅时,提及这样一个典故:如果一个乡里的优秀之人与我交朋友,那我就得到了一个乡的贤德;结识了一国的出类拔萃者,我就有了无双国士的积累;等我认识了整个天下当中的翘楚,我就有了世界范畴的智慧。但是,和天下的智善之人交朋友都还不能令我满足,这是为什么?因为还有古人呢!

和古人交朋友,都是"神交"了,毕竟你是见不到他的。但神交就更为重要了,因为你可以"颂其诗,读其书",进而感受到古人伟大的人格魅力和无尽的智慧。

去读一读古人的篇章吧,看看那浩瀚星河里最璀璨的内容。上下五千年,有多少贤德之人,我们还没跟他们交上朋友。在孟子看来,要和中华数千年出现过的所有杰出人物都交上朋友,这才够。去看看司马迁《报任安书》里"士为知己者死"的无畏,去看看屈原《离骚》中"长太息以掩涕兮,哀民生之多艰"的忧愁，去看看王勃"落霞与孤鹜齐飞，秋水共长天一色"的意境，去看看范仲淹"先天下之忧而忧，后天下之乐而乐"的坚毅，去看看李太白"安能摧眉折腰事权贵，使我不得开心颜"的洒脱和"呼儿将出换美酒，与尔同销万古愁"的豁达，也去看看苏东坡"竹杖芒鞋轻胜马"的超脱和"老夫聊发少年狂"豪放。

清代中兴名臣左宗棠，在未得志前，连吃饭都成问题，但他的书房就有一副对联："身无半亩，心忧天下；读破万卷，神交古人。"这种胸襟，这种抱负，是年轻人应该效法的，也是与古人交朋友的意思。

到这里，你大概理解了为什么要和古人交朋友的第一层意思，这可以让你领略古人的超凡智慧，能够学以致用。然而，孟子认为这还不够："不知其人，可乎？是以论其世也。"孟子认为，我们单单理解了古人的作品，这够吗？不够。我们还要了解古人所处的那些时代，通过时代的特点，感受古人的心。这种做法就叫作"尚友"。

这并不难以理解，正如我们现在讲的《孟子》，可以看到，孟子本身说的话，直译过来的话，语言本身能说明白的道理其实连一半都不到，其他的内容必须在他的延伸意义上有所体现，而且还必须建立在他所处的那个时代的基础上，包括他的语境、他引用的典故、他所处的环境、心中的立场等等。

结合这些要素,我们可以大致整理出该如何与古人交朋友的要点:

一是将自己设身处地地放在他们所处的年代想问题,比如说,如果万章这么问我,我该如何作答?

二是采用反向思维,如果在今天我遇到了某些事,我是孟子的话,我该怎么处理?

你看,这样一来,不论是在工作还是学习生活当中,我们为人处世就都有了一定的标准,进而形成思维和逻辑上的习惯。一旦培养了这样的习惯,我们带你读《孟子》的基本含义和深层目的也就达到了——遵从自己的心,像古代圣贤一样对待他人,思考问题,处理事情。有了这种想问题、办事情的方式方法,你就可以成为那种令人敬佩的人,保持开阔的胸怀和纯净的心灵,拥有高尚的道德与情操。

> 孔子进以礼，退以义，得之不得曰"有命"。而主痈疽与侍人瘠环，是无义无命也。
>
> ——《孟子·万章上》

负能量者不可结交

前些年有部特火的电视剧《潜伏》，里面有句台词特别经典："所信者，听也。而听尤不可信。"其实这句话是有典故的，它延伸自《吕氏春秋》中孔子和弟子颜回的一段对话，子曰："所信者目也，而目犹不可信；所恃者心也，而心犹不足恃。弟子记之，知人固不易也！"孔子叹息着说："人们相信的是自己的眼睛，而眼睛看到的并不可信；我所依靠的是心，但心也不完全可靠。你们记住，要了解一个人不容易。"

有的人，自己没什么高尚的品行也就罢了，更过分的是，他还不愿意承认其他人的品行，甚至不愿意承认这世上有高尚的情操这回事。你说谁是好人，谁是正人君子，他偏不相信，反而一定要对这个人加以诋毁。

总有那么一小部分人，或许是因为自己内心修炼得不够，或许是沾染了太多外界的习气，又或许是自身的性格所致，心态非常怪异，身上满满的负能量，内心全都是阴暗面。这类人，或者戴着伪善的面具，却暗地里处处与人为难，设置障碍；或者嫉妒心强，见不得别人取得一点成就，气人有笑人无，自己却毫无主见；又或者心态极差，稍遇困难和挫折就自暴自弃，从不反思原因、排查问题。

万章曾经和孟子有过这样一段对话，他对孟子说："哎呀，听说了吗？孔圣人当年在卫国的时候住的是宦官痈疽家，想通过这个宦官接近卫国国君。据说他住齐国的时候也是这样，为了接近齐国国君，住在齐国国君宠幸的宦官瘠环家里。"他的言外之意是：你看，孔圣人也不过如此……

万章这个问法，是不是特别容易让你联想到有些人的那副背后嚼舌的嘴脸。对于万章的话，孟子是这样回答的："没有这回事，这是好事者的捏造。孔子当年住在卫国贤臣颜雠由家里。当时卫国国君的宠臣弥子瑕的妻子和子路的妻子是姐妹俩，在一起交谈时，弥子瑕对子路提出，让孔子住在他家，便于接近君主，那么封侯拜相就易如反掌。子路将这话告诉孔子，孔子认为能不能得官位,自有天命。孔子的进退都依照规范和义礼,认为能否得到都是上天的安排。这样的人会居住在痈疽、瘠环的舍下充当门客以求机会吗?"

政府的组织部门,有一项特殊的职能,叫监控舆情。

什么意思呢,就是密切关注社会上对组织内干部的舆论、民间评论、坊间传闻,以及同僚之间消息互通有无。对获得的第一手信息的真伪加以甄别和分析,进而可以更好地对干部进行考察。这有些类似于古代君王为整顿朝纲采用的"风闻言事",是一种广开言路的策略。但就目前看,赋予组织部门这样的职能,更多的是为了保护好人、避免一些负能量的人通过不齿的手段做一些伤害别人的事。负能量带来的伤害和影响由此可见一斑。

与一个负能量的人相处,只会将你也拉入消极的情绪中,让你也同他一样怨天尤人,放弃进步,甚至为了自己的私欲去恶意诋毁、伤害别人。

孟子用和万章对话的方式来告诉大家,孔子是一个亲贤远小的人,正因为如此他才能维护心中的道义。这其实也在警示大家,远离那些对你产生负面影响的人,只有这样才有机会获得成长,成为更优秀的人。

于齐国之士，吾必以仲子为巨擘焉。虽然，仲子恶能廉？充仲子之操，则蚓而后可者也。

——《孟子·滕文公下》

远离那些沽名钓誉的人

我先来讲一则小故事，是关于古代的贤人伯夷和叔齐的。

商朝末期，伯夷、叔齐是孤竹国国君的两个儿子。孤竹君想在自己死后立叔齐为新君，但孤竹君死后，叔齐却要把国君的位置让给哥哥伯夷。伯夷不想继位，就逃走了。叔齐也不想继位，也逃走了。

后来，两人都去投奔西伯侯姬昌，但等他们到达时，姬昌已经死了。姬昌的儿子武王姬发，正用车子载着父亲的灵牌去讨伐纣王。伯夷和叔齐看到了，就对武王说："您的父亲还没有安葬,您就大动干戈,这是不孝;您以臣子的身份去杀害君王,这是不仁。"左右军人很生气,想杀了他们俩,多亏太公姜尚出来说情,才把他们送走了。

后来,武王平定天下,建立了周朝,伯夷、叔齐以此为耻,坚决不吃周朝的粮食,隐居在首阳山上,采集蕨菜充饥,后来就饿死在了首阳山上。

后人很多都赞美伯夷、叔齐是廉洁、清高之士,认为他们很有风骨,但一些有识之士却并不推崇他们的这种行为,认为他们过于固执了,违反了社会基本的发展规律,不愿意与整个社会配合,这就是沽名钓誉。

事实上,即使在今天,廉洁、清高等固然是优秀的品质,但同样不宜过于执着。这就像我们常说的那句话"水至清则无鱼"一样,做人做事都应该把握好一个度,不钻牛角尖,懂得找到相应的平衡,这样待人处事才能免除一些不必要的烦恼,成为真正的圣贤之人。

孟子曾与齐国一位名叫匡章的将军讨论过廉洁的话题,当时齐国有个廉士叫陈仲子,他居住在齐国一座偏远的山里,三天不吃饭,饿得头晕眼花。这时,他模模糊糊地看到井边有半个李子,已经被虫子吃掉一半了。他就赶紧爬过去,吃下这半个李子，才慢慢缓过来。

匡章认为，陈仲子是个廉洁之士，孟子听后，就说："要说当今齐国这些名士，个个都沉溺于富贵，贪功逐利，陈仲子能做到这样，我也给他竖大拇指。"意思是这人很厉害，我敬他是条汉子。

但是，孟子却并不认为陈仲子的这种行为就是廉洁。因为陈仲子并不是真穷，他出身世家，享有世袭的禄田，可他却嫌弃哥哥的钱是不义之财，非要自己搬到山上去住。有一次，他去哥哥家看望母亲，母亲给他杀了一只鹅，炖给他吃。当得知这只鹅是别人送给哥哥的人情往来时，他竟把吃下去的鹅肉都呕了出来。

显然，陈仲子是在学习伯夷、叔齐，可孟子认为，他住的房子是别人盖的，吃的粮食也是别人种出来的，他怎么判断自己住的房子一定是圣人盖的，吃的粮食一定是圣人种的呢？万一是坏人、强盗盖的房子或种出来的粮食怎么办？

所以，孟子认为，陈仲子的行为就是沽名钓誉，很荒谬，根本与廉洁、清高不沾边。如果把这种行为扩而广之的话，那人就只能学蚯蚓，上食埃土，下饮黄泉，才叫真正的廉洁了。对于这样的人，并不值得赞颂，更不值得效仿。

我们的生活中也有这样一些人，为了某些名誉、声望等，故意做出一种清高的姿态，实际上根本就是名不副实，徒有虚名，于人于己都没什么价值。所以我们在判断一些人时，不能光看外表，更不能去追寻那些虚无缥缈的名声，而应该从他的事业，从他工作的事迹或成就上来判断这个人。

当然，一些有事业、有成就的人也不见得就一定有境界、有操守，我也见过很多成就斐然，但人品却很低下的人。因此，除了要从一个人的工作、事业去判断，还要从他的人品、胸怀、气度上去判断，从某种程度上来说，从人品、胸怀方面判断一个人往往比事业、名声等更靠谱。一个人可能一辈子没做成什么大事，但他人品好，心胸宽广，对人对事有独立的看法和思考，这样的人更值得结交。

所以说，不管是伯夷、叔齐，还是陈仲子，在我们今天看来，他们的所作所为都不是一个正常人应该做的，也不值得我们今天的人效仿。人活在世上，还是应该用开放的心态看待世界，即使是真的想要追求廉洁、高尚的操守和品行，也不宜刻意追求与众不同，要知道过犹不及的道理；要经常性地反思自己，弄清怎样才算是一个真正有操守、有品行的人。虽然孔子说"伯夷叔齐求仁得仁"，但用饿死自己的方式去求仁，这在任何时候都不值得提倡。

第五章 反思的深度

> 仁者如射,射者正己而后发,发而不中,不怨胜己者,反求诸己而已矣。
>
> ——《孟子·公孙丑上》

你是自己内心冲突的根源

著名古希腊哲学家苏格拉底曾说:"没有经过反思的人生,是没有意义的人生。"在很多时候,我们需要先认识自己,反省自己,改正自己,才能对事情做出准确的判断,过好自己的人生。

只可惜,我们大多数人都不太善于反省自己,遇到问题也习惯于先从外部寻找原因或借口。在《高效能人士的七个习惯》中,作者史蒂芬·柯维就提到,西方人很遵循孔子的理念,比如孔子所讲的"君子求诸己,小人求诸人"。但现在很多年轻人一旦遇到问题,第一反应往往是:"这样公平吗?""这不是歪风邪气吗?""这件事做不好,是因为领导不支持我,同事不配合我,客户不给我面子呀!"……你看,大家把矛盾都指向了外在。

在心理学上,这种状况被称为认知失调,就是当你觉得自己应该很棒,实际却没有那么棒的时候,你的认知就会出现失调。可人是不能接受自己认知失调的,这就像狐狸看到葡萄,自己吃不到就说葡萄是酸的一样。接受不了自己认知失调,就会从外面找理由,就像狐狸一样,当它说完葡萄是酸的后,自己虽然还是没吃到葡萄,但自己的心情却变好了,这就是调整了自己的认知失调。

然而,当一个人不断运用认知失调的方式来处理问题时,就会发现自己的影响圈变得越来越小,做什么事也越来越不顺利。

那我们要怎么改变这种状态呢?

孟子给出了解决方案,他用人在射箭时的状态告诉我们,"射者正己而后发,发而不中,不怨胜己者,反求诸己而已矣"。意思是说,你在射箭时,想要让箭射中靶心,就必须先端正自己的姿态,然后放箭。

我自己就射过箭,对射箭这项活动感受颇深。在射箭的时候,真的需要把姿势调整好了,把气息调匀了,整个姿态都准备好后，再把箭放在弦上，射出去，这样才能射中。

射箭最怕的就是姿态不规范，气息不稳，眼睛还一直瞄前方那个靶心，手动来动去，这样箭射出后肯定会偏。所以孟子说，如果你的箭没射中，不要去怨恨射中的人，也不要埋怨比你射得好的人，而应该在自己身上找原因，看看自己在哪些地方做得不到位。这既是仁道，也是我们做事时应该有的态度。

我们在工作中也应该保持这样的态度，遇到问题不要怨天尤人，而是不断调整自己，让自己变得更好，这时你做事的状态才会越来越好。否则，你就会觉得自己的工作越来越糟糕，长期下去，你的心性就会受到影响。就像孟子说的那样，做弓箭的人、做棺材的人，原本都是为了帮助别人，给别人提供便利，但如果做弓箭的人整天想的都是自己的箭能射杀多少人，做棺材的人希望自己的棺材卖得越多越好，老想着害人，那就会丧失仁义。孟子把这种人称为"人役"，也就是天生的奴仆。他们丧失了自己向好的选择，完全把自己交给了欲望，交给了外部环境，成了环境的奴役。

但是，这些人明明自己当了奴役，却还觉得当奴役是一件很羞耻的事。比如，有的人自己在工作中做不好，就说这份工作太差劲，没前途，这就像造弓箭的人觉得造弓箭很可耻一样。

这种状态在心理学中可以找到很多依据，比如《我们内心的冲突》这本书中就提到，很多人每天都生活在大量的冲突之中。我们希望孩子好，我们表现出来的行为却是不断地欺负孩子、指责孩子，甚至打骂孩子。我们渴望得到爱，却经常跟爱人吵架，说着各种伤害对方的话。你看，你所做的这些事跟你想要得到的结果都是冲突的、矛盾的，甚至是完全相反的，这就叫"人役而耻为役"。

你如果不希望自己是这种状态，不被外部条件所约束，不被自己所束缚，那就要善于反求诸己，多从自己身上找问题，并积极寻找解决问题的方法。

我们公司以前招了一个小伙子，当时新入职的人都是从最基层的工作做起，这时跟他一同进来的员工就有抱怨的："我们每天做这些无聊的工作有什么意义呢？""做这些重复的工作能有什么希望？"

但是，这个小伙子却什么都不说，每天认认真真地完成自己的工作，而且还力所能及地帮助其他人做一些最基础、最辛苦的工作。

更让人觉得可贵的是，小伙子从进入公司上班第一天起，就每天坚持写工作日志，把每天自己做的工作、学到的知识都详细地记录下来，遇到问题就去请教老员工，这也让他比那些和他一同进入公司的员工进步快得多。

不到一年，这个小伙子就掌握了基层工作的全部要领，之后被调到重要部门去工作了。而跟他一起进来的其他员工，有的还在抱怨自己怀才不遇，没有伯乐赏识自己呢！

反求诸己，遇事先思己过，不但能让我们提升自己的认知能力，还能净化心灵，化解内心的冲突和矛盾，让自己的仁性和人性真正流露，这样你才能变得越来越优秀、越来越强大。这时不论你再做什么，都会有前所未有的激情。

行有不得者皆反求诸己，其身正而天下归之。

——《孟子·离娄上》

善于反省，才能不断成长

古人都特别讲究反观自省，曾子就曾经说过："吾一日三省吾身。"意思是自己每天都要多次检讨审视自己的行为和想法，看看有没有不恰当的地方。孔子也说过："君子求诸己，小人求诸人。"一个君子，一定要能够约束自己、要求自己，严于律己；只有小人才会经常怪罪别人、指责别人，很会原谅自己。这些智慧都是在告诫后人要善于反省自己。

人最大的弱点就是容易看到别人的缺点，却对自己的不足视而不见。一旦遇到问题或麻烦，第一反应就是埋怨外界的事和物，把责任推到别人身上，好像这样就能让自己轻松一些，心理压力小一些。但是，这种缺乏担当、不敢正视自身弱点的做法，轻则阻碍自己心智的发展，重则害人害己。

大明王朝最后一位皇帝崇祯，在临死前就说："朕非亡国之君，臣皆亡国之臣。"至死都认为自己励精图治，是个好皇帝，亡国是因为朝中大臣不行。听起来好像有那么一丝道理，但反过来说，这帮大臣是谁任命的、谁安排的呢？

一个人不能反求诸己，就会觉得这个世界特别丑陋，特别令人绝望，而善于"反求诸己"，才有可能会出现"其身正而天下归之"的结果。《论语》开篇就讲过："为政以德，譬如北辰，居其所而众星共之。"你只要内心端正，以仁德治理国家，就会像北极星一样，所有星辰都围绕它转动，天下的人也都会过来归附你。

三国时期，诸葛亮率兵北伐，出发前，为保后方无忧，安排马谡在街亭驻守。街亭当时是蜀国要道，只要守住这里，就能保证北伐军后顾无忧。但马谡因为麻痹大意，丢失了街亭，直接导致蜀军进无可攻，退无可守。

后来，诸葛亮斩了马谡，并且要求后主刘禅处分自己。刘禅念及诸葛亮的功劳，并没有责罚他，但诸葛亮还是自降三级，深刻地检讨了自己。

当然，蜀国在诸葛亮死后还是灭亡了，但在前期的建立和发展中，很多人还是奔着诸葛亮和刘备的名声来投奔蜀国的。

孟子曾说："爱人不亲反其仁，治人不治反其智，礼人不答反其敬。行有不得者，皆反求诸己，其身正而天下归之。"当我们想对别人好，想跟别人亲近时，发现对方并不跟我们亲近，那我们就要反思一下，是不是自己的仁爱还不够；当我们想要管理别人，对方却不服管时，我们也要反思一下，是不是自己的智慧还不够，处理的方式不够好；当我们对别人以礼相待，发现对方不搭理我们时，我们也要反思一下，是不是自己的恭敬程度不够，或者不够诚心。

归根结底，这些反映的都是一个本质问题，就是"仁德"，你自己的仁德够不够。仁德够了，一言一行都合乎天理，一切就都顺了。就像《诗经》上讲的那样："永言配命，自求多福。"这里的"自求多福"与今天的含义不一样，它的意思是你只要努力做好自己，做好自己该做的事，配合天命，就会获得更多的福报。相反，仁德不够，又不经常正己，只会责怪别人，那你就什么都做不成，也得不到。

我们生活中也有很多善于反省自己的人，遇到问题先从自己身上找原因。别人对之不敬，他会反省自己的言行举止是否合宜；别人不信任他，他会检查自己的所作所为，看自己是否有过轻言妄语，说过什么不靠谱的话。所以他们遇到问题也很少抱怨，不论是个人成长，还是经营事业，都会不断进步。

但也有些人恰好相反，他们遇到问题就习惯先从别人身上找毛病。合作出了问题，不先想自己是不是哪里做得欠妥，而是去怪合作方太过分；发生了纠纷或冲突，只觉得是对方的过错，不去换位思考。这样的人通常只能在原地踏步，甚至可能越活越倒退。

这里还有个问题，就是我们要分清楚影响圈和关注圈的区别，孟子是要求我们多做影响圈的事，但大部分的俗人更多地会把精力花在关注圈当中，整天在评论、八卦、"吃瓜"，看别人的热闹，看不到自己的问题，结果就导致自己的影响圈变得越来越小。而孟子的办法就是遇到什么问题都不要去责怪别人、找别人的毛病。就算别人有问题，那也是他的问题，不是我们的问题，我们只需要解决好自己的问题就行。

我之前讲过一本书，叫作《思辨与立场》，其中也提到，如果你在这个世界上还有烦恼的话，那一定是因为你的思维方法错了。这句话听起来虽然绝对，但却不无道理。它就是在提醒我们，遇到困难、烦恼要向内找原因，看看自己能够改变些什么，不要动不动就抱怨，求仁而得仁，有什么可怨的呢？

我们如果能把孟子的"行有不得者，皆反求诸己"和《思辨与立场》中的观点想通的话，也许真的就会把生活中的所有问题都想明白了。

> 君子所以异于人者，以其存心也。君子以仁存心，以礼存心。仁者爱人，有礼者敬人。爱人者，人恒爱之，敬人者，人恒敬之。
>
> ——《孟子·离娄下》

时刻审视自己的"立场"

纵观我国古代封建时期，有三个时空坐标——商周之变，秦汉之变，唐宋之变。秦汉之变关乎思想，春秋时期各家思想百花齐放，进而各国变法，为大一统建立基础。唐宋之变将我国古代豪族社会转变为平民社会，激发活力，宋朝因而被称为中国的"文艺复兴时代"。而后两个时代，政治家和改革家们不管在做什么事，都经常会仰仗一个极为宏大的叙事，他们管这个叫作"复周礼"。

我认为非常有必要给大家解释一下这个"礼"。你如果单纯地把礼理解为礼貌、恭敬、谦卑有气度，那就很难理解这句话的真正含义。礼又称"周礼",源自周朝。《左传》记述:"国之大事,唯祀与戎。"祭祀,就是周朝最高的"礼"。礼代表传统,代表君主、贵族、官僚与百姓的关系。到春秋时期,各国为了富强,开始改革、变法,思想也呈现百花齐放的状态,带来的必然结果就是人们不再认为"礼"是必要的,进而"礼崩乐坏"。如果放在这个时间维度理解,你就会意识到,孔子作为儒家思想的开创者,孟子作为儒家思想的集大成者,他们要做的就是克制自己的各种冲动和欲望,按照传统要求的"礼"的标准来做事,用这样的办法实现儒家的最高思想——仁,于是有了那个成语——"克己复礼"。

思想百花齐放的年代里,儒家思想对待时局的态度是回归传统,因此,"复周礼"是儒家思想在那个年代的基本方针和路线。正如孟子所说的"自反而缩,虽千万人,吾往矣"。理解了这个,你就充分理解那个成语——"杀身成仁"的深层次含义。所以,这里的"礼",是一种立场。

人必须要有自己的立场,做事情也是一样。

我以前讲过一本书,书名叫《思辨与立场》,它讲道:不同阶段的世界需要不同的思维,作为一个思考者,要具备批判型思维,但在那之前,要先学会自省。关于思维和立场的关系,书中提到,不同的立场,会使思维受到不同力量的塑造,而思维又塑造着我们的信念系统。

孟子认为，君子不同于一般人的地方在于他们存心不同，君子的存心在于"仁"和"礼"。人是相互的。这体现在立场上，体现在思维上，进而反馈到人与人的接触、交往上。

有礼者敬人。你面对的人，无论什么身份、地位，你都能一如既往地以礼相待，那么人们回敬于你的自然也是礼貌有加的态度，这就是有礼、有仁。东汉的孟尝"安于仁爱，弘扬道义，特别醉心于道德，行为高洁脱俗，才干出类拔萃"，因此他治下区域的百姓无一不拥护他的地位。

再比如，一家企业的领导，一方面要求公司的员工对他礼敬有加，一方面却又毫无限制地安排下属从事额外的工作，还把这当作一种企业文化或者精神，这就是一种错误的立场，没有通过换位思考审视过问题，这就是无礼和不仁。

其实，孟子的这段话，我们如果加以借鉴的话，可以通过逆向思维进行审视。比如说，我们可以问一问自己，是否对别人一视同仁、以礼相待；然后再问问自己，其他人在生活和工作中对自己是不是也彬彬有礼，充满关爱。最后再问问自己，现在的我，是一个合格的正人君子吗？

这是带有很强逻辑性的提问，它的特点在于，如果你的第一个答案是肯定的，那么第二题和第三题的答案也势必是肯定的；如果第一题你的答案就是否定的，那么剩余两题的答案也自然是否定的，绝不可能出现第一题"是"，第二题"不是"的情况。

要在这三个问题上一直处在正确的一方，就需要不断审视、回顾自己为人处世时的立场。在立场这一话题上，小说《静静的顿河》中的主人公格里高利的曲折命运，令人印象深刻。在感情上，他既不舍妻子娜塔莉亚与他藕断丝连，又和情人阿克西妮娅纠缠不清。在事业上，他在革命者和反革命者之间摇摆不定。作为哥萨克人，他有着典型的美好品质——勇敢、坚强、不畏邪恶，但当面对苦难与抉择，格里高利身上那种偏执和局限又展现得一览无遗。由于没有立场，或者从来不停下来审视一下自己的立场，格里高利变得压抑、局促、彷徨，最终走向悲惨、痛苦与孤独的归宿。

人应该有个相对宽松一点的立场，要洒脱一点，看事物淡然一点。一个人的内心世界能容纳多少，他最终就能得到多少。的确，越宽容别人，就越有利于自己。难以容人之人，不仅很难得到快乐，而且很难拥有幸福。

> 不以文害辞，不以辞害志。以意逆志，是为得之。
>
> ——《孟子·万章上》

领会读书的外延和内涵

我在讲课的时候，经常有学员问我："樊登老师，知道您的读书会很火，但有的人说，这个世界有很多事不是单单几本书就能解决的，甚至有人说读书会毁掉一个人，对此您是怎么看的？"

也许平时读书过程中，我们也确实经常会被作者的思维和逻辑所感染和左右。书中可能会有一个地方让你茅塞顿开，也会有些地方让你感同身受。但当你想要把这些内容运用到实际生活中的时候，你却发现有力使不上，难以将它学以致用。其实这个问题在历史上困扰了很多读书人，德国哲学家叔本华就曾在他的论文中明确指出："读书是别人替我们思考，一个人如果整日读书，他将逐渐丧失思考能力。"

作为一名热爱读书的人，我也曾被这个问题困扰，但是与一些人不同，我认为，读书是绝对不可能毁掉一个人的，这一点，我从未怀疑。高尔基讲，书是人类进步的阶梯。想一下，一个没有书籍的世界，该是多么的可怕。所以当感到困惑时，我还是会选择从书中找答案。

美国的教育家莫提默曾在他的代表作《如何阅读一本书》中解读读书的目的，他说读书的目的是提高自身的理解能力，告诉我们在读书的时候要善于理解书中的文字，当理解的文字足够多，就能够提高我们对事物的理解力。这本书中还有一句话："我们生存的目的就是更好地去理解世界。"这句话一语道破了读书的真谛。文字是死的，人却是活的，人一生的经历有限，无法遇到太多的人，更无法见到已故的先贤们，所以需要文字把我们的思绪连接到一起。但如果我们在读书时仅仅依靠文字去理解文字，恐怕最终得到的并不是当时作者所要表达的含义。

两千多年以前，孟子的徒弟咸丘蒙曾经问孟子一个问题，他说：远古时代的帝王舜在坐上王位以后，他的父亲瞽叟也向他参拜。我看书上写着"普天之下莫非王土，率土之滨莫非王臣",那当时的瞽叟既是舜的父亲,又是舜的臣民,岂不是乱了儒家所讲的君君、臣臣、父父、子子的名分了吗?

这是一个非常尖锐的问题。舜是孟子的偶像,孟子经常用舜的例子来解释自己的论点。他的徒弟对舜提出了质疑,其实也等于对他的观点提出了质疑。而当时孟子并没有急于为徒弟解释舜,而就徒弟的论据"普天之下莫非王土,率土之滨莫非王臣"做出了解释,他教导徒弟读书一定不要"以文害辞,以辞害志",意思是说,在阅读的时候不要因为书面解释的意思来曲解作者真正想表达的含义。这句话的意思是,普天之下的事都是王要做的,而对于儿子而言,孝的最高境界就是用天下来赡养自己的父母。舜正是做到这一点的贤德之君。

读书只有不停留在文字表面,甚至不拘泥于以往的解释,才能够获得真正的含义。孟子为了继续论证这一观点,又举了《诗经》中的另外一个例子,《诗经》中记载:"周余黎民,靡有孑遗。"说的是有一年周地遭逢大灾,死了很多人。如果从字面意思来解释,就是周地的黎民在一场灾难过后没有一个活下来,这里的"孑"就当"一"讲。孟子认为,这显然是不可能的。这只是记录这件事的人用了夸张的写作手法,来形容这场灾难所带来的严重后果。而事实上,周地的百姓并没有死绝。

现在很多人认为读书的作用并不大,只是为了日常休闲;

还有人说："如果去读几本书就能解决人生的问题，那人生岂不是过于简单了。"这话说得有道理，几本书当然无法解决你所面临的人生问题，它只不过是一个文字的载体，所谓"文不尽其言，言不尽其意"，从书面上的文字到作者想要表达的真正含义之间还有很大的距离。很多人之所以说读书无用，就是因为他们在阅读时只停留在文字表面，并没有去真正思考作者为什么要这样去写。其实我们在阅读的时候，思考时间应该远远大于阅读时间。孟子说："以意逆志，是为得之。"要用自己的思考去领会作者想要表达的意思，才能得到文章中的真谛。

在我们身边其实有不少好书，它们是打开思想之门的钥匙，而想要走进这扇门还需要我们自己去不断探索。

> 老吾老，以及人之老；幼吾幼，以及人之幼，天下可运于掌。
>
> ——《孟子·梁惠王上》

做事要善于推己及人

我在做培训期间，经常给一些企业高管讲关于"领导力"的课程。每次我讲完后，都会有高管来跟我说："樊老师，您这里边的内容讲得特别好，其实很多事都是我平常做过的，但我就是没弄清这个原理，不知道自己为什么要这么做。现在听您一总结，我才明白自己以前做那些事的原因，真就是那么个道理！"

他们说的是什么意思呢？

意思是说，以前他们在做对一些事情时，似乎是出于一种本能，或者说是经验，但反过来想一下，自己当时为什么那么做,却又想不出原因,讲不出道理,经过我一讲解,他们才真正明白自己当时那么做的原因。

这其实就像孟子与齐宣王的这段对话中讲的一样,孟子用一番心理分析,指出齐宣王不忍杀生的恻隐之心,便已具备了"王天下"的潜质,齐宣王听了很高兴,觉得孟子简直就是自己的知己,说出了自己的心声,"夫我乃行之,反而求之,不得吾心;夫子言之,于我心有戚戚焉"。这些事我都是这么做的,但我又想不出是什么道理,现在你一讲,我觉得太对了,你的话跟我很有共鸣。

这与我给那些企业高管讲课产生的效果是一样的,但这里有一点要注意,就是在这种状态下,你做对了自然是好事,但也可能会做错,因为你不了解自己做事的初心和目标,做事很盲目,出错也在所难免。

所以接下来孟子用一段精彩的比喻,给齐宣王上了一课,说如果有人告诉大王,他能一下子举起三千斤重的东西,却拿不起一根羽毛;他能看到鸟兽身上新长出的绒毛,却看不到一车薪柴,大王你相信吗?

齐宣王说:"我肯定不相信。"

于是孟子继续推论说,你对一头牛有恻隐之心,但你做的事却不能让百姓过得很好,为什么呢?就像有人说他能举起千钩，却拿不起一根羽毛，能看到鸟兽身上的绒毛，却看不到一车薪柴一样，因为根本就不想这样做，不愿意这样做。如果你能把对牛的这份仁慈之心推广开来，用在百姓身上，就能看到百姓的疾苦，体恤百姓的艰难。倘若再能做到"老吾老，以及人之老；幼吾幼，以及人之幼"，将自己的恩德推广，一天天做下去，那么"天下可运于掌"，甚至"足以保四海"，安定天下也就是举手之劳了。

从孟子与齐宣王的对话中，我们发现"推己及人"这件事很重要。我在讲课时经常讲到，一个人能不能做成大事，是不是具有商业思维，能不能赚到钱，根本不在于这个人有多高的学历或多强的管理能力，而在于他是否具备很强的对他人的感知力和同理心，或者是否能够换位思考，推己及人。自己得利时，也让别人得利；自己不受害时，也不叫别人受害。

《孟子》中讲过一个故事，战国时期，有个叫白圭的人治水，有人建议他学大禹治水的方法，把水导到大海里去，他却说："不用费那么大力气，把水排到邻国不就行了吗？"殊不知，洪水对邻国也同样有害呀！

相反，明末农民起义军首领李自成却说："杀一人如杀我父，淫一人如淫我母。"把百姓看作自己的父母，因而起义军发展迅速。

具备这种能力的人,都会先对自己有足够的了解,知道自己最想要的是什么。了解了自己,再推己及人,再推及万事万物,最终达到通达。

我曾讲过一本书叫《为什么我的青春期孩子不和我说话》,里面说很多家长不理解,为什么处于青春期的孩子不愿意跟他们好好沟通,其实有一个很重要的原因,就是那些家长似乎忘记了自己在青春期时的表现。我就经常看到我身边的一些朋友,在教育自己孩子时义正词严,好像自己是个道德楷模一样。我就提醒他们说,咱们小时候比他们还渴望自由,干的事情比他们还糟糕,你怎么忘了呢?

做任何事,或与任何人相处,想要做成功,首先要与自己和解,先把自己研究明白了,看清自己的初心,之后才能理解别人的想法和做法,把事情做好。这正如孟子对齐宣王说的那样:"古之人所以大过人者,无他焉,善推其所为而已矣。"古代的圣贤之人之所以比我们强,没有别的,只是善于推己及人罢了。

> 耻之于人大矣。为机变之巧者，无所用耻焉。不耻不若人，何若人有？
>
> ——《孟子·尽心上》

"知耻"才能让自己变得更好

古人说"开卷有益"，意思是只要读书就是好事。但是很多现代人已经不认同这种说法了，比如经常有年轻人跟我说："樊老师，我还是喜欢通过电视或网络了解各类信息，喜欢在实际生活中跟人交往和学习，通过各种视觉化的东西来获得更多的知识。"

我不反对这种获取知识的方式，但我认为仅靠这些是远远不够的，所以我会问他们："你能在生活中遇到孔子、孟子吗？你能遇到苏格拉底吗？"

实际上，我们一生在生活中所遇到的人，都是跟自己的水平和能力差不多的人，偶尔有比自己强的，可能还是自己的老板。天天跟与自己差不多的人在一起，其实就相当于把自己困在了原地。

当然，也可能有人说，我就是个普通人，对自己很满意，你能力强、修为高跟我没关系。这种想法也没什么不对，只是缺少了一种进取心，用孟子的话来说，就是："不耻不若人，何若人有？"不以赶不上别人为耻，又怎么能赶得上别人呢？

古语中还有一句话，叫"一事不知，以为深耻"，意思是说，自己有一件事不知道、不了解的，就深深地感到羞耻，这与孟子的"不耻不若人，何若人有"简直是交相呼应。知道自己有不足的地方，就应该积极修正自己、提升自己，而不是说有不足就算了，就这样吧，反正我也有比别人强的地方，这是永远不会有进步的。比如你跟人聊股票、聊投资，发现自己完全不懂，那有的人就认为，不懂就算了，也不影响我什么，我也不想炒股，不想投资。

但是，如果换作孔子、孟子这样的人，他们可能马上就会找相关的书来读一读，了解股票、投资都是怎么回事。当然，了解了这方面的知识，也不代表你就一定要去炒股、投资，但却能增加自己的知识储备。而且在你真的了解以后，也许就会对股票、投资产生兴趣，深入地研究它们；又或者有机会接触到行业内的大咖，为自己带来更多更好的成长机会。

我在外出讲课时，经常会遇到一些年轻人，因为在公司受到的待遇不好而吐槽，但你让他们去改变，去提升自己，他们又不愿意。这就形成了一种恶性循环，除了吐槽抱怨，学不到任何有价值的东西，即使跳槽到其他公司，也难有突破。所以我们发现，很多人总是频繁地换工作，哪份工作也干不长，可各方面始终没什么提升。这就是因为"不知耻"，故而也没有"后勇"。

我在硕士毕业前夕，考完最后一科后，就让我们同学在门口垃圾桶前集合，然后我郑重其事地拿出课本，当着同学的面说："看好了，我把这些课本都丢进垃圾桶，从此以后，我再也不参加任何形式的考试！"

后来到北京工作，进入中央电视台后，忽然觉得自己特别无知。每天跟着郑也夫、杨东平这样的名教授一起开策划会，一句话都插不上，人家说啥也听不懂，就只能做做样子，在一边假装记录，内心里感觉十分丢脸。

知道丢脸就是好事，知耻才能后勇，所以之后我就开始想办法提升自己，让自己读书，丰富大脑中的知识，至少要做到人家大咖讲话时我能听懂吧！

具有耻辱之心，对人真的至关重要，它可以激发我们的上进心，让我们产生提升自己、奋发图强的动力。

清末学者朱起凤曾经因为弄不清"首鼠两端"和"首施两端"可以通用，结果出现了对学生作文误批的现象，被当时的人耻笑。从此，他就奋发学习，收集整理了近万条词语，并且认真编排，博举例证，对这些词语加以解释，著成了300余万字的《辞通》。后来这本书成了人们学习古文的必备工具之一。

实际上，不但我们个人的能力可以与知耻之心联系在一起，我们的道德观念也与"知耻"有关。一个人具有知耻之心，做错了事会惭愧，辜负了别人的期望会内疚，行为不当会难过，也因此，才能守护好自己的道德底线，做个自尊、善良、坚持道义的人，不去做糟糕的，甚至违反道德的事情。康有为就曾说过："人之有所不为，皆赖有耻心。"而巧言令色、搞阴谋诡计的人是没有羞耻心的，就像孟子说的"为机变之巧者，无所用耻焉"。这样的人，就算是再聪明、再有能力，也难以受到别人的欢迎和重用。

（孟子）曰："四境之内不治，则如之何？"王顾左右而言他。

——《孟子·梁惠王下》

逃避永远无法解决问题

之前我在西安讲课时，跟一位樊登读书的读者有过简单的沟通。他说他曾在一家公司做HR，由于缺少工作经验，他当时工作很吃力，一方面想快速提升自己，另一方面接踵而来的工作又让他应接不暇，最终他感觉自己不适合这份工作，跟领导提出辞职。领导当时还是蛮器重他的，就跟他说："你刚入职场，可能还没有太深的感触，其实做任何工作都会遇到很多问题，想办法慢慢解决就可以了。"

但他没听进去领导的话，还是坚决辞职了，不久后又入职一家文化公司。结果他发现，自己每天早出晚归不说，还有各种各样的选题、采访等着他去处理。渐渐地，他感觉自己又应付不了了，又萌生了辞职的想法。

他当时跟我说："樊老师，您说我是不是干什么都不行，还是我确实没找到更适合自己的工作？"

我相信很多人都有过类似的经历，感觉自己在工作中力不从心，于是产生自我怀疑，甚至萌生退意，想找个更适合自己或感觉更轻松的工作。但我要说的是，不论你换什么样的工作，最后发现都会遇到各种各样的问题，所谓的不适合、不适应等，都是想逃避问题罢了。但只要你不想办法把问题解决掉，你换什么样的工作都是治标不治本。

遗憾的是，从古至今，逃避问题的人大有人在，哪怕是高高在上的国君，也不见得就能迎难而上。比如孟子与齐宣王对话中，孟子问齐宣王："四境之内不治，则如之何？"意思是说，一个国家治理得不好，该怎么办？

国家该由谁治理？自然是由国君治理。那么国君没有把国家治理好，该怎么办呢？这时，如果是一个真想解决问题的国君，应该问孟子"愿闻其详"，或者"可能是我做得不好，请您指教"之类的，和孟子讨论一番，找到解决问题的方法。

齐宣王是怎么做的呢？

齐宣王根本就没接孟子的茬儿，而是"顾左右而言他"，左右张望一番，把话题扯到别处去了。很显然，他并不愿意面对这个实质性的问题。当然，这也是齐宣王的本性，因为之前在孟子给他讲应该实施仁政时，他就多次对孟子说"寡人好色""寡人好货""寡人好勇"，这都是让问题停留在表面而不去处理的手段和技巧。哪怕他已经知道问题在哪里了，仍然不断给自己找借口，把该解决的问题回避开，这样他就不用去解决了。

西方人有个特别有趣的比喻，叫"房间里的大象"，意思是说，房间里有一头大象，可是所有人都假装看不见。这种现象在很多企业中都会出现，就是大家都知道明明某些环节有问题，可谁都不说、不提，也不去解决，任由问题发展，直至造成不可挽回的损失。

我之前讲过一本管理类的书，叫作《认同》，书中就提到一类现象，就是公司里开会时，很多人都希望有不同意见的人最好不要同时出现在会场里，因为一旦会上有不同意见的人出现，就可能会发生争执，拖延会议时间。所以，大家都想尽办法回避问题，似乎这样才能让工作进行得更顺利。

其实这是不对的。既然有不同意见，说明大家对某件事没有达成共识，那就要赶紧想办法解决问题，达成共识。如果问题在会议上暴露出来，大家的争执会让这件事更容易达成真正的认同，否则一直掩盖这件事，很可能会后患无穷。

三星 Note7 手机自 2016 年上市后，出现了上百起电池爆炸事故，让三星集团频繁地陷入舆论危机中。然而在此次事件中，总裁李在镕却是整个三星集团中最后一个知道消息的人，这让很多人感到无法理解。

原来，三星集团的中级领导层在向高层汇报工作时，经常报喜不报忧，出现问题也是能压则压，能不说就不说，或者让基层员工立刻进行公关处理，让高层认为一切业务都在正常运转。结果当李在镕知道这件事时，事态已经变得相当棘手，对公司的品牌形象造成了严重的负面影响。

一个人也好，一个企业也好，最怕的不是犯错，而是不敢面对自己的错误，面对错误时也是选择逃避，"顾左右而言他"，这是很可怕的。而且还有一种可能，一些人就像案例中的李在镕一样，根本不知道这件事。如果你能珍惜开会时问题暴露出来的机会，和大家共同探讨，就会更容易形成共识，把问题彻底解决掉。

> 古之君子，其过也如日月之食，民皆见之；及其更也，民皆仰之。今之君子，岂徒顺之？又从为之辞。
>
> ——《孟子·公孙丑下》

以确定性应对不确定性

我们常说，不确定性才是生活的常态。但在现实生活中，很少有人喜欢不确定性，大家都喜欢确定的、可预测的事情发生在自己身上。我记得我刚进入中央电视台工作时，工资不高，又要还房贷，感觉经济压力很大，特别害怕失业，那时我就想，要是有人愿意每个月给我 2 万元工资，我把一辈子签给他都可以。我相信，现在仍然有很多人抱着我当初的这种想法。

但是，现在我再回顾自己当初的这个想法，觉得这是一件非常可怕的事。因为生活一旦确定下来，人生就没有任何突破了。而人生中所有的精彩和辉煌，恰恰就来自不确定性。

庄子曾经说过，人要学会与不确定性共舞。你要想做个聪明人，就要学会保持不确定性。而大多数人每天担忧的，就是怎样让所有的事情都确定下来，希望一切事物都按照自己的想法，按部就班地一个个落实，结果一辈子浑浑噩噩，没有什么作为。

在《反脆弱》这本书中，有一个"布里丹之驴"的案例，它是14世纪法国哲学家布里丹所做的一个实验。内容是说，有一头完全理性的驴子，恰好处于两堆等质等量的干草堆中间，但是它不知道该选哪一堆干草，最后饿死了。其实当时如果有人推这头驴一把，无论把它推向哪一边，它都可以活下来。虽然两边都有不确定性，可能还具有一定的风险，但这种风险也可能会为你带来巨大的生机和转变。

《孟子》中就记载了这样一件事，齐国伐燕，占领了燕国，但齐国并没有为燕国主持公道、维持秩序，而是掠夺了燕国的财富，还想彻底吞并燕国。孟子劝齐宣王不要这样做，齐宣王不听，结果燕国百姓揭竿而起，反抗齐国，齐宣王这才被迫退兵。

这时，齐宣王才想起孟子的话，感觉很惭愧，不好意思再见孟子了。齐国大夫陈贾见状，就说："大王不必自责，周公当初让管叔监视殷国，结果管叔与殷国联合叛变了。如果周公知道管叔这样做,还派他去,最后杀了他,那是不仁;如果周公不知道管叔会叛变,那就是不智。连周公做事都会有不仁不智的时候,何况大王您呢!"

随后,陈贾又来找孟子解释,还把对齐宣王说的话又跟孟子说了一遍,意思是连周公都会犯错,那齐宣王犯这点错算得了什么呢?

这时,精彩的部分开始了,孟子听完陈贾的来意后,就说:"管叔与周公是兄弟,弟弟不知哥哥叛变,这合乎情理。再者,古代的君子,有过错就会改正;今天的人呢,有过错却将错就错。古代君子犯错后,大家都看得清清楚楚,当他改正时,也能万众仰望;今天的人呢,不仅将错就错,还弄出一堆道理来为自己狡辩!"

孟子认为,齐宣王犯了错就应该及时改正,结果齐宣王不但没有大胆承认,积极改正,反而强词夺理,文过饰非,这才是最不应该的。

实际上,不管是我们自己做事,还是管理公司,甚至是治理国家,犯错都是不可避免的。犯错不可怕,你只要承认错误,从中吸取教训,下次改正,那就没什么问题。陈贾找借口为齐宣王狡辩,这才是在害齐宣王,也是孟子最讨厌的行为。

我们如果仔细分析一下,就会发现陈贾的逻辑只对了一半,那就是人皆有过，连周公这样的人都犯错，犯错也没什么不应该呀！但接下来的逻辑就错了，你不能说因为周公会犯错，所以齐宣王犯点错也没什么了不起。我们很多人都容易陷入这个逻辑陷阱，就是觉得那些智者贤人都会犯错，我犯点错算得了什么？殊不知，犯错不是关键，关键是你要在犯错后及时复盘，认真反思和总结，不让自己再犯同样的错误，这才是重点。

遗憾的是，很多人习惯用这套不讲理的逻辑来推卸责任，有时也容易让人陷入坑中。这就要说到不确定性了，因为所有人在做事时都会面临不确定性，周公派管叔监视殷国和齐国伐燕，也会有大量的不确定性。然而，所有的不确定性都只有在事情发生之后才能知道结果，不做事的人是不会面临不确定性的，或者说，不做事的人只有在事情发生后，才会站在上帝视角来挑毛病，认为你知道了还去做，就是不仁；不知道就是笨，缺乏智慧。所以，一个不做事的人想要挑做事人的毛病，那会百分之百找到毛病。

说到这儿，大家也就能理解，为什么现在社会上有那么多藏在屏幕背后的"键盘侠"了，因为键盘侠永远不犯错，他们总会用一套非常完美的逻辑来"证明"你做什么都是错的。但反过来说，历史恰恰就是被这些要么"不仁"、要么"不智"的人推动着前进的，既然任何事情都有不确定性，谁也不知道能不能做好这件事,那为什么不去尝试一下呢?如果错了,就承担责任,面对失败,积极改正;如果对了,那就是圆满的结局。

这也提醒我们,不要把自己禁锢在一个固定的思维当中,想做一件事时就去做,不要有太多的担忧。曾经有个作者跟我说,担忧就是在错误的地方寻求答案和保护,就好像你觉得自己没有房子,有个房子就能解决一半问题一样,那是错误的方向。真正正确的方向是让自己活在当下,积极与周围的世界保持连接,学会与不确定性共舞。不确定性并不意味着不好,不确定性蕴含着无限可能性。面对这些不确定性,抱怨和逃避都没用,你唯一能做的就是直面不确定性,做好自己能做的事,以确定性应对不确定性。这一点是可以掌握在我们手中的,并且取决于我们自己的实际行动。就像那句名言说的那样,既然选择了远方,便只顾风雨兼程,莫怕它山高水远,只管向前,无问西东。

> 不揣其本而齐其末，方寸之木可使高于岑楼。
>
> ——《孟子·告子下》

用比较思维理解事物的发展规律

哲学观点认为：事物总是相比较而存在、相制约而发展的。物质和运动在时间和空间上的相对性是普遍规律。任何事物如果都和自身同一，没有了差别，也就没有了发展。而比较思维就是人对事物认识的相对性在思维方式上的反映。

比较这件事可能是整个人生中都难以避免的问题。从小时候开始，父母就会将你与别人互相比较，而得出的结论好像总是别人家的孩子好。而在步入社会、开始工作之后，我们自己也会将自己与他人比较，得出的结论并不相同，有人认为自己和别人比能力不足，导致缺乏自信；而有些人则认为自己明明比他人优秀但却总是得不到赏识。

但很多时候，大家的比较方式都不正确。大部分人对于比较这种事情都过于看重表现，而不愿意追寻其原因。就像孟子曾经说的一样，"不揣其本而齐其末，方寸之木可使高于岑楼"。意思是如果不度量事物的根本，而只比较它的顶端，那一块放在最高处的一寸大小的木块，也会让它看起来高于尖角高楼。

孟子的观点放在当今给予一个科学的解释是，通过比较，对复杂而客观的现象进行分类，寻找其共性和差异性，区别出每个事物本质的规律；又通过比较，寻找各类规律之间的联系；再把这些规律进行归纳或演绎，最终求得对事物本质的认识。

比较的结果其实并不重要，重要的是其中的过程。当大家忽略了比较本身呈现出的最重要的根本原因，而是只去求得没有任何意义的结果，那这种比较也就完全没有了意义。

比较是一柄双刃剑。缺乏理性，只看结果的比较只会助长自身的戾气，让人产生各种负面情绪。而合理的比较却可以使人进步，让人主动吸取他人的优点，改正自己的不足。而究竟什么才算是理性的比较？我就用"邹忌讽齐王纳谏"这个故事来说明一下。

齐国国相邹忌身高八尺,而且身材挺拔、容貌俊美。有一天早晨他对他的妻子说:"我与城北的徐公(齐国美男子)相比,谁更美丽呢?"他的妻子说:"您更美,徐公怎么能比得上您呢!"邹忌不相信自己会比徐公美丽,于是又去问他的小妾,说道:"我和徐公相比,谁更美丽?"妾说:"徐公怎么能比得上您呢?"第二天,有客人来拜访,邹忌向客人问道:"我和徐公相比,您认为谁更美丽?"客人说:"徐公不如您美丽。"后来徐公前来拜访,邹忌仔细地端详他,自己觉得不如他美丽;再照着镜子看看自己,更觉得远远比不上人家。但邹忌并未因此而沮丧,而是在晚上想这件事,最终明白了一个道理:"我的妻子认为我美,是偏爱我;我的小妾认为我美,是惧怕我;客人认为我美,是有求于我。"

于是,邹忌上朝拜见齐威王。说:"我确实知道自己不如徐公美丽。可是我的妻子偏爱我,我的妾惧怕我,我的客人对我有所求,他们都认为我比徐公美丽。如今的齐国,土地方圆千里,百座城池,大王宫中的姬妾和身边的近臣,没有不偏爱您的;朝廷中的大臣,没有不惧怕大王的;国内的百姓,没有不对大王有所求的:由此看来,大王受蒙蔽一定很厉害了。"

人生的底气

齐威王认为邹忌此话很有道理，于是下令所有的大臣百姓都可以上书劝谏，如果有道理的话就会给劝谏之人奖赏。这一做法使得齐国招揽了众多人才，并因此更加强大。

在自身与徐公的比较中，邹忌并没有因为妻子等人的夸赞而自满，也没有因不如徐公好看而感到自卑，而是从中找寻道理，完善自身的品德修养，更是从这件事中领悟到了治国安邦的计策，这就是理性的比较。

由此大家可以看到，与他人比较并非只是需要得出一个结果，而是要探究其中的原因。父母比较孩子不是为了嘲讽自己的孩子，而是要自己反思一下，为什么自己的孩子没有别人家的孩子优秀，是环境的原因还是父母自身的原因。

自认为没有别人优秀的话，那就更不能自我封闭、止步不前，而应在比较中看到对方究竟是哪些方面比你优秀，从而弥补自身的不足，这样做才是比较的真正意义所在。

一个人懂得理性地比较后，他就能减少自身的负面情绪。从事物本身出发，追寻事物的根本，从中吸取更多的知识，不断完善自身，使自己更加强大。

第六章 善念的奇迹

> 君子之于禽兽也，见其生，不忍见其死；闻其声，不忍食其肉。是以君子远庖厨也。
>
> ——《孟子·梁惠王上》

善念来源于恻隐之心

孟子曾说："恻隐之心，人皆有之。"人生来就有恻隐之心，悲悯、同情他人是人的一种自然情感。比如，当看到一个孩童摔倒受伤，我们立刻就会产生紧张、担忧、怜悯、同情等心理，哪怕这个孩子与我们素不相识，我们也会不知不觉地生出这种心理。

孟子在见到齐宣王后，为了让齐宣王接受自己宣扬的"仁政"，便不断地激发齐宣王的恻隐之心。说起齐宣王这个人，很多人都不陌生，在一些文学作品中，他经常被描写为一个愚蠢荒诞的人，但真实的齐宣王其实是个很有为的国君。在他统治期间，齐国的稷下学宫办得很好，甚至被认为是世界上最早的官办高等学府，中国学术思想史上最蔚为壮观的"百家争鸣"，就是以齐国的稷下学宫为中心的。

孟子与齐宣王对话时，讨论的是关于如何实现"王天下"的问题。这里有个有趣的故事，说有一次齐宣王在大殿门口看到有人牵着一头牛走过，就问这个人要把牛牵到哪里。牵牛人回答说，要把牛牵去杀掉"衅钟"，就是把牛杀掉后，将牛血喷在新铸好的大钟上，用以祭祀。齐宣王看到牛颤抖恐惧的样子，顿生恻隐之心，说你看它也没犯什么罪，就要被杀掉，太可怜了！你别杀它了，去换头羊来杀吧！

孟子知道这件事后，就告诉齐宣王，他有这份仁慈之心，就足以"王天下"了。

我们现在看这件事可能觉得很可笑，不忍心杀牛，却允许杀羊，这算什么仁慈之心？

而孟子对此的解释是"见牛而未见羊也"，因为你看到了牛而没看到羊，"君子之于禽兽也，见其生，不忍见其死；闻其声，不忍食其肉。是以君子远庖厨也"。看到活的牛之后，你就不忍心让它死了，就像我们听到禽兽的声音后，就不忍心再吃它的肉了，所以"君子远庖厨也"。

说到这里，我们就能理解了，这就像我们自己去餐厅吃饭一样。我在餐厅吃饭时,最怕的就是餐厅的人用网网着一条鱼走过来,说:"这条鱼是您的。"然后当面把鱼摔死,那感觉简直太糟糕了!等鱼肉端上来,不管色香味如何俱全,一想到鱼被摔死的场面,都不忍心下筷了。

孟子本就主张"人性本善",认为每个人的内心都是有善根的,都埋藏着善良的品性。古时候那些受过教育、德行高的人,吃肉都是很讲究的,他们不是不吃肉,但不能看杀生的过程,于是佛教中就有个应对的方法,叫作吃"三净肉"。什么是"三净肉"呢?就是可以吃没有看见、听说或怀疑为了自己而被杀死的动物的肉。

孟子告诉齐宣王,只要他能把自己的恻隐之心扩而充之,推行到实际统治中,看到百姓疾苦,与百姓同忧乐,统一天下就会变得举重若轻。而所谓"仁政"中的"仁",就是从每个人的善念中来,从恻隐之心中来。如果把这一点善念扩展开来,先是对自己的家人,再对周围的朋友,进而对天下人的关怀和关心,这种关怀和关心就是"仁"。有了"仁",就会心正,善性自然就发挥出来了。善性发挥出来,人性就会走向善良,进而通向高明。但正心也好,通向高明也罢,最终都是为了"事天",也就是要从更高的层面上去理解人生、理解人性。

我曾在书上看到一个小故事，说清代名臣李鸿章有一次外出办公时，正好路过家乡合肥，于是就准备去拜访一下自己的恩师徐子苓。

当李鸿章走到徐府门口时，徐府的仆人见李鸿章身着官服，急忙要进府禀报。这时，李鸿章忽然叫住对方，让他等一等，然后自己换上一身便装，才进去拜见老师。

身边的人很不理解，问李鸿章为什么要这么做。李鸿章解释说："如果我穿官服去拜见老师，老师就会顾及我当官的身份而产生压力，心里也会不自在。而我换上便装，用寻常样子去拜见，老师就会感到放松，我们在交谈时也不会产生隔阂了。"

越是内心纯良、具有恻隐之心的人，就越是心怀悲悯，能够善待周围的人与物。

可是，既然人性中有善良的一面，为什么世界上还会有坏人，会有人做坏事呢？

对此，梁漱溟先生解释得特别好，他说，人性不是一个已成的、呆板的东西。性，非已然、非未然，而是将然，是一个倾向。孟子称"人性善"，意思是每个人都有向善的倾向，但却不是人人都能释放出这种善念。所以，我们也可以把"善"

理解为一个动态的东西。

而人的心中也是有恶念的,如果不小心把恶念放大,人就会变坏。我们经常会在电视剧、电影中看到一个词,叫作"黑化",一个人一旦"黑化",就可能做出各种各样的坏事,甚至是违法犯罪的事。但是,如果能压制恶念,激发善念,也就是恻隐之心,唤醒那颗善良的种子,人就会变得仁慈、友善。

> 且比化者,无使土亲肤,于人心独无恔乎?吾闻之也:君子不以天下俭其亲。
> ——《孟子·公孙丑下》

善良的内心胜过外在的虚名

我之前曾经讲过一本书,叫作《正念的奇迹》。这本书原本是一行禅师用越南文写给朋友的一封长信,它里面虽然并没有详尽的佛理,却能让我们在阅读后懂得什么是正念,以及如何通过正念让自己的内心获得安宁。如果我们能对一些事情保持正念的态度,专注当下所做的事,那么一切复杂就会变得简单,不会因为我们没达到目标、没有满足别人的期望而焦虑。

在书中,一行禅师举了一个例子:

有一次,一行禅师跟一位名叫吉姆的朋友在美国一起旅行。半路上，两个人坐在树下分吃一个橘子。吉姆掰下一瓣橘子放到嘴里，还没等吃，就又掰下另一瓣准备放在嘴里。这时，一行禅师说："你应该把含在嘴里的那瓣橘子吃了。"吉姆这才惊觉，自己正在吃橘子。

在一行禅师提醒吉姆之前，吉姆就没有处在正念状态。而当他专注于吃橘子的每一瓣时，才叫作真正地吃橘子。

后来，吉姆因为参加反战运动入狱，一行禅师担心他不能忍受监狱的生活，便给他写了一封短信："还记得我们一起分享的那个橘子吗？你在那里的生活就像橘子，吃了它，与它合为一体。明天，一切都会过去。"

坐在监狱里肯定不会舒服，没有了自由，但换个角度来说，在外面和在监狱里，"坐"的行为有区别吗？实际上没有太大区别。而一行禅师提醒吉姆的就是，在监狱时，想一想当年一起吃的那个橘子，专注你的当下就好。遇到任何问题，都让自己的身心收敛到体内，你才能获得内心的安宁，这才是你在监狱里最该做的事情。

实际上，我们古代儒家的很多思想和做法，其背后的原理都在于内心。比如《论语》中记载，有人问孔子说，为什么父母去世后要守孝三年？孔子就说，你如果觉得心安的话，可以不用守孝三年。至于为什么要守孝三年，孔子的解释是"子生三年，然后免于父母之怀"，就是你从出生后的前三年，都是靠父母抱着的，三年后才离开父母的怀抱独立行走，父母在这三年无微不至地照顾你。所以父母去世后，子女也该守孝三年。

这其实就有一种"人心上"的意思，因为这样自己才感觉尽心了，内心才会获得安宁。

孟子也曾经遇到过这样的事，孟母去世的时候，孟子为母亲做了上等棺椁，安葬了母亲。丧事办完后，孟子的弟子就悄悄问他，他给母亲做的棺椁是不是太贵重了？孟子对此的解释是：如果我们受环境或制度限制，或者因为自己没钱，不能好好安葬父母，那心里肯定不安心。但如果没有环境或制度的限制，自己财力也够，为什么不能做贵重一点的棺椁，好好安葬父母呢？何况好的棺椁可以保护逝去亲人的身体，让他们不会沾上泥土，我们的内心不是更欣慰吗？

最后，孟子还用一句很有名的话做了个总结："吾闻之也：君子不以天下俭其亲。"字面意思就是：我听说呀，在任何情况下，都不应该在父母身上省钱。但是，我对孟子这句话有更进一步的理解，我认为孟子想表达的是：我并不在乎外界怎么说，比如会说我不懂节俭、铺张浪费等，我不会为了博得一个好名声就薄葬母亲，在这件事上省钱。

在《孟子》当中，本来就有关于孟子安葬父母规格不同的争论，即"后丧逾前丧"，说他安葬母亲的规格超过了安葬父亲的规格，认为他这种行为违背了当时的等级制度要求。实际上，孟子并没有违背什么，只是因为自己的社会地位和经济条件改变了。母亲去世时，他已经有了一定的社会地位和经济基础，厚葬母亲也无可厚非。但当时的人认为，孟子为了留下一个好名声，对母亲也应该薄葬，这样才能给人留下一个节俭的好印象。毕竟那时的人喜欢通过这些事情来判断一个人的操守，所以也会出现很多奇奇怪怪的现象，比如《世说新语》中记载，一些人喜欢在亲人的葬礼上做出特别夸张的表现，目的就是博得一个好的称号。

但是，孟子却不愿意这样做，为了取悦天下，博得一个好名声，让自己的母亲躺在薄薄的棺材当中，这是他不能接受的。如果他这样做了，内心也不会感到安宁。

所以你看，不论是孔子还是孟子，他们在一些大是大非的问题面前，通常都更遵从本心本性，专注于当下这件事带给自己内心的平衡，而不会被外界的环境、欲望或虚名所困扰。只要自己内心宁静，外界环境如何有什么关系呢？只要自己问心无愧，别人的议论、指摘又算得了什么呢？根本不重要！

第六章 善念的奇迹

> 夫民今而后得反之也,君无尤焉!君行仁政,斯民亲其上、死其长矣。
>
> ——《孟子·梁惠王下》

爱出者爱返,福往者福来

我们常说:"予人玫瑰,手有余香。"在很多时候,我们"予人玫瑰"可能并不指望对方报答,就像前两年有一天,我在京郊的国道上开车时,看到一只很小的奶狗,正在马路边往马路牙子上爬,爬半天也爬不上去。我看一眼就开车过去了,但走了一段路后,我心里特别不安,觉得它可能是被人丢在马路边的,如果不管它,它很可能会被饿死。

于是,我又掉头去找那只小狗,把它带回了家。这只小狗后来被一个朋友收养了,现在正过着幸福的生活。

对于我来说,这是一件很小的事,顺手就做了,但对于这只小狗来说，却是一件改变它一生的事。虽然它并不懂得感激我，也不会报答我，但我现在想起来仍然觉得很温暖。

其实很多时候，我们做一件好事、善事，真的不只是"手有余香"，很可能会得到对方的回报。同样，你做了一件不好的事，也可能真的会得到不好的结果。《孟子·梁惠王下》中记载的一件事，便很能说明这个观点。

这件事是说，孟子在见邹国的国君邹穆公时，邹穆公向孟子请教了一件事，说邹国与鲁国发生了冲突，邹国死了三十三个官员，但邹国的老百姓却个个袖手旁观，没有一个上前帮忙的。我真想把他们都抓回来杀掉，可是杀谁呢？因为老百姓太多了，你不可能因为这件事把所有百姓都杀掉。不杀吧，我又咽不下这口气，这该怎么办呢？

这个问题其实比较难处理，孟子如果支持邹穆公，把没帮忙的百姓抓回来杀掉，显然有违"仁政"，孟子也不可能这么干；如果说不杀，国君心里不爽。

但是，孟子是个真性情的人，他跟那些国君说话讲道从来都不客气，也不会顾及国君的面子，所以他就直接对邹穆公说，遇到灾年时，老百姓中的青壮年都出去逃难了，老弱病残者就饿死在山谷河沟里，可你仓库中的粮食那么多，那些官员有人告诉你百姓的疾苦吗？曾子曰："戒之戒之，出乎尔者，反乎尔者也。"曾子都说了："警惕呀，你怎么对待别人，别人就会怎么对待你！"

这里就产生了一个成语"出尔反尔"，我们今天的解释是说一个人的言行反复无常，自相矛盾，但它的本义并不是这样的，而是说你做出来的事，终将返回到你身上。你对百姓好，把百姓放在心上，真心关心百姓，那百姓肯定也会记着你的好，会报答你；反之，就别指望百姓能善待你了，所以你那三十三个官员死得一点都不冤。

不光是国君要善待臣子、百姓，我们对待生活中的每个人都应该这样，不管是朋友还是自己的员工，想让别人对你好，愿意跟着你一心一意地工作，至少你应该学会善待对方，否则对方就没有理由好好对待你。

> 摩托罗拉公司的总裁保罗·高尔文，每次看到有员工生病时，都会非常关切地问："要不要紧？如果需要医生，我可以给你推荐。"
>
> 一位大名鼎鼎的公司总裁，可以这样真挚地向员工表达关心和爱护，自然也收获了员工的好评。所以在行业中，高尔文极有口碑，许多高薪请不到的专家都愿意到摩托罗拉公司就职，很多员工在摩托罗拉一干就是好多年。

我们与孩子的关系也是如此。我经常看到一些父母在跟自己孩子说话时，简直就是呼来喝去、讽刺挖苦，甚至是大声责骂，那个态度简直没法直视，似乎这样对孩子就是天经地义的。可是你不知道，你在孩子小的时候怎么对待他，他长大后就会怎么对待你。尤其在孩子青春期后，你会"收获"到孩子一个非常惨痛的叛逆期。这就是"出尔反尔"的道理，也是我们常说的"种瓜得瓜，种豆得豆"。

孟子曾说："爱人者人恒爱之，敬人者人恒敬之。"你学会爱别人，才能得到别人的爱；你学会尊敬别人，才能得到别人的尊敬。希望我们每个人都能在自己的人生路上学会爱人、敬人，善待他人，这样我们才能收获人生更多的美好。

> 万物皆备于我矣。反身而诚，乐莫大焉。强恕而行，求仁莫近焉。
>
> ——《孟子·尽心上》

做事不在于好坏，在于境界

我跟很多朋友都推荐过《扫除道》这本书，樊登读书还曾经组织过"扫除道体验训练营"活动，让参与者真正去体会"扫除道"的魅力，分享扫除后的感受。我记得组织活动的小伙伴后来跟我说，大家一起分享完《扫除道》这本书，便准备开始进行扫除体验。当组织活动的老师把那块盖着打扫工具的布揭开后，大家发现各种各样的打扫工具干干净净整整齐齐地摆在里面，参与者当中立刻就有人流泪了，说：我一辈子都没想过打扫还能发明这么多的工具，也没见过有人像《扫除道》的作者那样，把打扫厕所这件事做得那么认真、那么极致！

说起打扫厕所,我想没有几个人喜欢干,但是,恰恰有的人在做这些事情时会由衷地感到开心和快乐。这就给了我一个启发,如果我们每天都能全心全意地做每件事,并认认真真地去体会这件事带来的感受,那么我们就更容易获得发自内心的快乐和满足,这种状态就像米哈里·契克森米哈赖所说的"心流"一样。也就是说,你找到了自己的心流状态。

这与孟子所说的"反身而诚,乐莫大焉"应该是一样的。之所以如此,是因为"万物皆备于我矣",这个世界上所有我需要的东西都齐备了。如果是我没有的,那我就从自己身上来寻找,在自己身上发力,认认真真做好每件事,反躬自问,诚实无欺,这就是最大的快乐呀!

不过,现实中能做到这样的人太少了。我们更常见的,是很多人每天辛苦,甚至是痛苦地工作着。就比如以前公交车上的售票员,我想坐过公交车的人应该都注意过,售票员的态度有时很不好,对着乘客大吼大叫。其实我很同情这些售票员,他们之所以这样,是因为他们不喜欢自己的工作,觉得这份工作又烦又累。而这样的状态,让他们很多时候都是在不快乐中度过的。

但是,如果能做到"反身而诚,乐莫大焉",那就算是每天在公交车上摇摇晃晃地检票售票,疏导乘客,也依然是快乐的。因为你能享受这个过程,能看到每一个被你帮助的人露出的笑脸和对你的感谢,也能从中体会到自己的价值,让内心收获满满,让人生大部分时间都丰富、愉快而充实。具备这种心态,人生还有什么不快乐的呢?

所以,做事不在于好坏,而在于你做事的境界。"强恕而行,求仁莫近焉。"你尽力按照恕道做事,推己及人,就是最快捷地接近仁德的方法了。

我去年给大家讲过一本书,名叫《心态》。当时这本书还没有正式出版,我拿到样书后,就迫不及待地跟大家分享了。这本书中讲道,人类通常有四组非常重要的心态,两两对应,其中有一组为内向型心态和外向型心态。当我们在马路边看到一个乞讨者时,拥有这两种不同心态的人,表现出来的做法也是完全不同的。一部分人很理性,他们对乞讨者的第一反应,可能就是认为这种人不应该帮,他有手有脚,自己不努力,不去工作,却在马路边乞讨,我为什么要帮他呢?而另一部分人可能认为,这个乞讨者一定是遇到了困难,一定已经尽力了,实在没办法才不得不沿街乞讨的,所以还是帮帮他吧!

你可能会说:如果这个乞讨者是个骗子怎么办?

实际上,这个人是不是骗子并不重要,重要的是,当我们去考察以上两类人时,你会发现,第一类人虽然很理性,但人际关系并不太好；而第二类人虽然感性，可能会犯错，也会被骗子骗，但他们的人际关系却很好。

为什么会这样？

如果我们"强恕而行"，推己及人，反过来思考一下，你是愿意与一个铁石心肠、整天板着脸说你应该自力更生的人交朋友，还是愿意跟一个内心善良、宽容，甚至稍微有些天真的人交朋友？

我相信，很多人都希望身边的朋友是温柔敦厚之人，而不是冷漠、铁石心肠的人。所以有的人虽然看起来好像受骗了，见到乞讨者就愿意给几块钱，其实自己并没有吃太大的亏，他的人生反倒更容易幸福。

以上两类人中，第一类人拥有的就是内向型心态，他们始终认为自己是最有价值的，我只对自己好，别人跟我没关系，我也不在乎，所以他们不懂得推己及人，考虑别人的感受；第二类人拥有的就是外向型心态，这种心态的最大特点，就是古人所讲的"民胞物与"，能够爱人及一切物类，能够把所有人都看成是自己一样来对待，"老吾老，以及人之老；幼吾幼，以及人之幼"。很显然，外向型心态的人更容易达到快乐的境界。

《了不起的盖茨比》开篇就是一段父亲对儿子的忠告："每当你觉得想要批评什么人的时候，你切要记，这个世界上的人并非都具有你禀有的条件。"[1]就像那些乞讨者，你觉得他应该去努力工作赚钱，养活自己，但也许他的人生经历与我们想象的真的不一样，我们不应该用自己的标准去评判他对或不对、应该怎么做，而是思考"我能做些什么""我能帮他做些什么"，这才是我们应该达到的境界。如果我们能这样想问题，内心就会变得更包容，也更能够理解和接受其他人。这时，我们周围的环境和人也会慢慢变得更好。

[1] 节选自吉林美术出版社版本，2019年4月。

> 人之所以异于禽兽者几希，庶民去之，君子存之。舜明于庶物，察于人伦，由仁义行，非行仁义也。
>
> ——《孟子·离娄下》

只有心存仁义，方能无往不利

德国著名哲学家黑格尔认为，动物只有对世界的感觉，没有意识，更不会像人类那样拥有思想。人作为认识主体，只有在意识到自己的存在时才称得上活着。尽管流派不同，但哲学家们在人与动物的区别上，见地和论断可谓殊途同归——人类区别于动物的根本在于思想带来的行动。前几年有一部电影叫《烈日灼心》，有一句台词令人印象深刻——人是神性与动物性的结合。

而我认为，论及概括性和认识深度，他们的理论都没有我国古代先贤来得那么通透、简洁、洗练。孟子早在两千多年前就深知这个奥秘,而他居然只用了一个字就把人和动物的区别说得明明白白,这个字就是"仁"。他认为人与动物本身并没有太大的差别,不同之处在于人比其他动物多了一颗仁义之心,因此,这个"仁",是划分人与动物的重要依据。

"庶民去之,君子存之。"要注意,这里孟子并不是在阐述差异,而是在介绍趋势。就"仁义"而言,一般的人放弃了它,君子保存了它,导致人和人之间的差别随着时间的推移而日益加大。这句话是非常有深意的,它呼应的是"人之所以异于禽兽者几希"中的"几希"这种差异不光存在于人与动物之间。在人与人之间,一开始各方面的差异是很小的,是因为有些人坚持了正确的是非观,弃恶扬善,培养了高尚的道德情操与远大的志向,才形成了与其他人的巨大差别。

接下来,孟子还告诉我们怎样才能正确地选择"仁"的道路和怎样界定"义"的标准。为了便于理解,我们先来看《资治通鉴》里著名的"穆公亡马"的故事。

春秋时期,秦穆公丢失了心爱的骏马,重金悬赏招领无果后,他亲自带人去找,到了山谷里,发现原来是当地的山民捉住了他的马,并在那里将这匹骏马宰杀,围在篝火旁分食马肉。于是秦穆公的官员和军队打算按照律法对这些山民进行处置，这些山民面对即将到来的严厉惩罚显得非常惊恐，而秦穆公却说道："君子不以畜害人。吾闻食马肉不饮酒者，伤人。"意思是，德才兼备的人是不会因为畜生而杀人的。而后，穆公又说："我听闻吃马肉如果不佐以好酒则会伤身体。"于是让从人到宫里取来几坛好酒，分给山民们喝下后放他们离去。

过了几年，秦晋两国爆发了韩原之战。秦穆公在战斗中被晋军围困。危在旦夕之际，突然一支队伍杀入重围，他们拼死战斗，出奇制胜，瞬间扭转局势，秦军一举反败为胜。

战后，秦穆公召见了这支他并不认识的"特种部队"，问道："我并不记得曾有恩于你们，何故为了我以死相拼呢？"那些人回答道："我们就是当年杀了您的骏马，没被您责罚，反而被赏赐美酒的那些人啊！我们用这样的方式，来报答您对我们的恩德。"

你看，秦穆公能成为"春秋五霸"之一，是有他的必然性的。是他出自本心的仁义行，不仅救了自己的命，还帮助他打赢了这场战争。这正是因为秦穆公向来心存善念，随心之所向，是因为"仁义行"，摒弃繁杂冗余的功利与仇恨之心，才会让他做起事来游刃有余，身处险境的时候也会逢凶化吉，最终成就一番丰功伟绩。

"由仁义行，非行仁义也。"孟子认为，仁义行，和行仁义，是完完全全的两回事。因此，是由于仁义在舜帝的本性之中，所以他明"庶物"，察"人伦"。换言之，舜帝因他本人的仁义慈爱，使得他遇到任何事物时，不假思索的第一反应就是仁义，于是就达到了"仁义行"的境界。所以说，秦穆公能在危急关头逢凶化吉，不是带有博弈性质的机会成本投资，而是"由仁义行"长期条件反射的结果。

这样看来，是否能做到"由仁义行"，决定于一个人的内心。其实，真正能做到"仁义行"的，毕竟是少数，我们列举的例子也都是古今圣贤的事迹。对芸芸众生而言，随着当今社会的节奏越来越快，许多人的心绪也越发浮躁，导致人们往往以利益为第一出发点考虑问题，于是即便做了许多好事，也都或多或少地带有一些"行仁义"的色彩。

但我个人认为也不必对行仁义大肆批评，毕竟行仁义也是在做仁义之事，是值得鼓励的。从目标出发，只要不是单纯地为了沽名钓誉，而是发自内心地做一些对其他人、对这个社会有益的事情，进而使自己的目标实现得更有意义、更为妥帖，长此以往，也会慢慢地拥有一颗仁义之心。社会上各行各业的领导者们,在具备了一定的条件和能力以后,投身公益事业,积极回馈大众,回报社会,进而使自身企业的品牌知名度和软实力得到提升,不也是一种相得益彰而又相辅相成的良性循环吗?

正如人们常说:"一个人做一件好事可能有自己的目的,但如果他做了一辈子好事,那他不论出于何种目的都是一个好人。"

> 我知言，我善养吾浩然之气。
>
> ——《孟子·公孙丑上》

一点浩然气，千里快哉风

我个人很喜欢读苏轼的诗词，他的很多诗词中都有一种虽然身处逆境，却仍然保持着旷达、洒脱的人生态度。在苏轼的诸多诗词中，有一句我特别喜欢，就是"一点浩然气，千里快哉风"。它的意思是说，一个人只要具备了至大至刚的浩然之气，就能超凡脱俗，坦然自适，在任何境遇中都能泰然处之，享受令人感到无限快意的千里雄风。

这句诗中的"浩然气"其实是个典故，它出自《孟子·公孙丑上》中的一句话，就是孟子说的"我善养吾浩然之气"。

在孟子看来，如果你内心不想去干一件事情，你就不用再给自己打气了，不用逼着自己非要去干。但是，如果你因为对这件事不清楚、不理解，就轻而易举地放弃了，那是不行的。因为这样你就丧失了心志，也就是我们俗话说的"死心了"。

我们在生活中也能见到这种人，遇到问题也不解决，听之任之，当然自己也没什么目标，日子得过且过，结果生活过得一团糟，人也没什么精气神。而人要想过得好，做更多的事，实现更多的价值，就必须要有心志或志向。有了这些，才会促使你产生意气，让你时刻都充满活力、充满干劲，你才愿意做更多的事，并且把事情做好。

但是，也有一种特殊的情况，就是有些人虽然有意气，但却把握不好自己的心志，不知道自己该干什么，或者滥用自己的意气。最典型的例子就是那些搞传销的人，你看他们经常搞一些打鸡血式的所谓"培训"，大声喊口号、拍手，看起来意气高涨，但他们的志向是什么？他们能为自己、为社会解决什么问题？他们的理想又是什么？没有。唯一的念头就是"发财"，可是想通过这种方式发财显然又很不现实。

所以，孟子认为"持其志，无暴其气"，一个人需要坚定自己的思想意志，但也不要滥用意气情绪。因为意气和志向是会相互影响的，如果你的意气情绪钻到某个东西里面不能自拔，就像钻牛角尖一样，那么志向就可能会随之动摇甚至转移。

比如说那些搞传销的人，有的人一开始觉得自己是不可能参与其中的，但一旦你进入其中，看身边的人天天又是欢呼又是拍手又是展望未来的，自己不由自主地就跟着喊跟着做了。到最后，自己内心也接受了这件事，也愿意参与其中了。

这就符合心理学上说的一个重要概念——导入效应。它的意思是说，你的外部行为会影响你的内心。你本来的价值观不是那样的，但你天天跟着人家喊，跟着人家一起拍手欢呼，听人家给你讲各种发大财、做大事的课程，慢慢你就被洗脑了，也就接受了对方的观点和行为。

那孟子是如何对待这种事情，或者说是如何约束自己的行为，不被意气情绪所左右的呢？就是"我知言，我善养吾浩然之气"，我能理解别人言辞中表现出来的情志趋向，我善于培养自己拥有浩然之气。

我曾经跟朋友聊过到底什么是"浩然之气"，我觉得这是一种不可言说的东西，但它又是存在的。我之前讲过《解惑》这本书，它的作者就提出，当你不知道一个东西是什么的时候，你就给它命个名，或者用一个代号来代表它。比如说，植物与石头比起来肯定不一样，植物比石头多的东西，我们就把它称为 X，X 代表的是生命。动物与植物比起来又是不一样的，动物有了意识，但意识是没法具体化的，那就可以用 Y 代表它。

人与动物比起来，又比动物多了自我意识，但自我意识同样无法具体化，那就用Z表示它。总之，你要知道这种东西是存在的。

浩然之气就是这样的一种存在，你看不见它，也摸不到它，但你知道它是一股至大至刚的力量。一个人具有这股"气"，就能挺起脊梁骨，堂堂正正地做人和做事。丧失了这股气，人就会像得不到食物一样疲软衰竭，压抑、抑郁的感觉就会追上来，你干什么都觉得没劲儿、没意思，也没意义。

很多人在看《白鹿原》这本书时，就感到不理解，说作者为什么一直强调里面的白嘉轩总是把腰杆挺得很直这件事呢？包括后来黑娃做了土匪，回去打白嘉轩，也非要把他的腰杆打断了不可？原因就是白嘉轩心中可能有那么一股气，这股气让他一定要挺直腰杆，说什么做什么都要显得理直气壮。

相反，鹿子霖平时的腰杆就挺不直，跟人说话也没底气，因为他暗地里做了一些放不上台面的事。"行有不慊于心，则馁矣"，你做的事情让你感到内心有愧，或者不符合道义，不能坦坦荡荡地拿出来说，那你就会觉得气馁心虚。

这也提醒我们，在现实生活中，我们做人做事都要具有一点浩然之气，在内心坚持自己的原则，心地坦然。用王阳明的话来说，就是"致良知"。"良知"好比佛教中所说的"本心"，

"致良知"也就是要我们遵从本心,做到知行合一,做任何事都不是为了迎合别人、给别人看,或是为了得到别人的赞赏,更不要起心动念地想要获得什么利益。在任何境遇之下,保持一点浩然之气,泰然处之,不必去考虑结果或利益,我们就能随时领略到"千里快哉风"的快意自适。

> 孟子谓乐正子曰:"子之从于子敖来,徒餔啜也。我不意子学古之道而以餔啜也。"
>
> ——《孟子·离娄上》

多做对社会有价值的事

我想起了一个关于庄子的小故事:

宋国有个叫曹商的人,有一次,他奉宋王的命令出使秦国。出发时,宋王送给他几辆车。到了秦国后,曹商百般讨好秦王,秦王一高兴,又赏给他几百辆车。

曹商带着这些车子回到宋国后,见到了庄子,就炫耀说:"我不像你,每天住在这穷乡僻壤,靠辛苦编织几双草鞋维持生计,还把自己饿得面黄肌瘦的。你看我,去了趟秦国,见到万乘之君后,随行的车子就增加了几百辆,这才是我的本事。"

庄子对曹商这种小人得志的模样极为反感，就回答说："我听说秦王生病时召了很多医生，并且还许诺说：能帮他挑破痈疽，排脓生肌的，他就赏一辆车给他；愿意为他舔舐痔疮的，他就赏五辆车给他。治病的部位越往下，得到的赏赐越多。你难道是为秦王舔痔了吗？不然怎么得到这么多的车子呢？你赶快走吧！"

这个小故事很有意思，曹商本来想向庄子炫耀一番，却不想被庄子狠狠地怼了回去。同时，庄子的言行也展现出了古代读书人的高贵风骨。面对物欲横流的现实社会，金钱至上一直都是很多人衡量自己成功的标准。一些人为了荣华富贵，很可能就会像曹商一样，以自己的人格尊严为代价，去换取财富、名利、地位。

孟子也曾经"怼"过自己的一个学生，只不过没有"怼"这么狠。孟子有一个名叫乐正子的学生，后来乐正子跟齐国的宠臣王驩走到了一起。王驩是个只会溜须拍马、阿谀奉承的人，孟子很厌恶这样的人。

所以，当孟子得知乐正子跟王驩结交后，就很不高兴，对乐正子说："子之从于子敖来，徒餔啜也。我不意子学古之道而以铺啜也。"意思是说，你跟王驩那样的人结交，不过是为了好吃好喝罢了。我没有想到，你跟随我学习古人之道那么久，竟然就为了混口饭吃。

在孟子看来，一个真正的君子，学习古人之道应该以修身为本，胸怀大志，能够为国家、为百姓做一些有益的事，而不能拿着自己的学识去结交权幸，只为了混口饭吃。

孟子说的这种现象，在今天仍然存在。我相信，现在很多人读完大学，走上社会，找一份工作，就是为了混口饭吃，很少有人说我读书、工作是为了给社会做一些贡献。有些人甚至为了一己之私，还会做一些有害于他人、有害于社会的事，令人不齿。

但是，我们也高兴地看到，有些人真的会想着为我们的社会做一些有意义、有价值的事情，比如现在的很多科研人员、各行各业的服务人员、志愿者等等。

我们公司有一名技术总监，编程能力特别强，他的经历很有意思。我平时跟员工交流比较少，有一次团建，我跟他了解技术方面的事，就聊了起来。我就问他，为什么要来樊登读书工作呢？

他告诉我说，他以前在一家游戏公司工作，负责游戏技术研发工作，薪水很可观，他对自己的这份工作一直比较满意。后来，他结婚生子，当了爸爸，开始关注有关孩子成长、教育相关的资讯，结果就发现，很多孩子沉迷游戏，无法自拔。他突然就想到了自己的孩子，如果有一天，他自己的孩子也沉迷游戏，他该怎么办？是阻止孩子玩游戏吗？那么孩子会不会问：为什么你设计了这些游戏，其他孩子都能玩，我却不能玩呢？他该怎么跟孩子解释？就在那一刻，他决定离开游戏公司。

后来，他在手机上听到我讲书，觉得我们这个公司很有意思。刚好那时我们公司需要一名技术人员，他就加入我们公司了。其实那时樊登读书还不是很出名，公司也不能为他提供很高的薪水，但他认为我们做的是一件很有意义、很有价值的事情，他很想参与进来，并表示愿意把以前做游戏的技术拿来为我们做App。

这件事让我印象非常深刻。我经常会想，我们在大学读了四年，很多人读完大学后可能还会读研、读博，所学的这些东西到底是为了什么？如果仅仅为了混口饭吃，是不是太可惜了？如果我们能把所学的知识、所掌握的技术用来为社会做一些有意义的事，于己于人，是不是更有价值？

我想，这是一个很值得我们每个人思考的问题。如果一个人做什么都只顾自己的利益，短时间内似乎能得到很多，但从长远来看，最后往往都是得不偿失。这属于人间大道。在职场中也是一样，优先选择有价值的工作，舍弃不重要的工作，这个思路适用于任何人。

> 乐之实,乐斯二者,乐则生矣,生则恶可已也,恶可已则不知足之蹈之手之舞之。
>
> ——《孟子·离娄上》

发现人生真正的快乐

我们应该都听说过关于舜的传说,舜从小孝敬父母,虽然母亲去世很早,父亲娶了后妻,对他很不好,但他仍然对父亲和继母孝顺有加,对继母生的弟弟象照顾关心。后来尧听说了舜的孝行,就把自己的两个女儿嫁给舜,以表彰他的孝心。尧年老后,还把自己的帝位禅让给舜。

舜的言行品质,在后来的一些圣人大儒看来,就是"仁爱"的代表。《孟子》一书在讲关于"仁义礼智乐"的内容时,经常会举舜的例子,并且认为舜虽然被父母、弟弟苛待,但他却能全身心地孝顺父母和仁爱兄弟,毫无怨言,这才是"仁爱"

的本质。当一个人能够一直保持这种"仁爱"之心，并且不断将其放大后，推己及人，就可以获得真正的快乐。并且这种快乐一旦生出来，就会绵延不断，不会休止，以至于在不知不觉间就会"足之蹈之，手之舞之"，简直就是不亦乐乎！

这也是儒家一直以来所推崇和宣扬的思想，推己及人，由近及远。不论多大的道理，都要先从自己身上、自己家中发源，继而推广到世间的万事万物。

这里有一个点，我认为很值得我们关注，就是到底什么是真正的快乐？显然，在孟子看来，真正的快乐就是"生则恶可已也"的快乐，而且这种快乐一旦生发出来，就不会停止。

那么，哪些快乐又是虚假的呢？

我认为那些一瞬间的快乐就是虚假的快乐。我在讲课时，曾经把人的快乐分为三层境界。

第一层境界，战胜别人的快乐。比如，看到别人的房子小，自己的房子大，就会感到快乐；看到别人的车子不如自己的贵，就会感到快乐……这种就属于虚假的、低层次的快乐。但是，大多数人的快乐却恰恰来源于此。

第二层境界，战胜自己的快乐。就是我们自己在不断进步，我们不跟别人比，只跟之前的自己比。当我们看到自己越来越好时，就会快乐。这种快乐显然要比第一层境界高。

第三层境界,无条件的快乐。这种快乐正如孟子所说的"生则恶可已也"的快乐,就是不会因为自己战胜了谁、获得了什么或占有了什么而快乐,只是因为自己内心充满了正念,时时刻刻都能够与当下产生连接而感到快乐。比如,你看到一棵树、一朵花,能够仔细观察它们的样子,欣赏它们带给这个世界的美好,感受大自然给予我们的馈赠,继而由内到外地感到满足、快乐。这就是一种无条件的快乐。

我推荐大家看一部迪士尼影片,叫作《心灵奇旅》。影片中有一个名叫乔伊的人,是一所中学的音乐老师。他这辈子最大的理想就是成为一名顶尖的爵士乐手,以做音乐为生。结果有一天,他出门时不小心掉入下水道里"死"了,并在黑洞中醒来,成了一个灵魂。醒来之后,他发现周围还有许多灵魂,他并不想跟这些灵魂在一起,就想返回人间。

这时,灵魂告诉他说,你必须找到亮点才能回去。那什么才是亮点呢?就是你对地球的热爱。乔伊就说,我有热爱呀,我想回去当一名乐手。后来他真的"复活"了,还当上了乐手。可当他当上乐手,体验到成功带给自己的巨大喜悦后,却发现这并不是自己真正想要的。因为他虽然实现了梦想，获得了成功，但这些成功并没有给他带来持续的快乐。

从这时起，乔伊开始重构自己存在的价值和意义，并慢慢发现，快乐其实就是一种能力，你能感受一阵风吹过，并能沉浸其中，就会快乐；你能跟一只猫咪聊天，沉浸其中，也是快乐；你能与周围的朋友其乐融融地相处，互相安慰、互相鼓励，同样是快乐……只有这些能够带来连绵不断的快乐感受的东西，才是真的快乐，而那些只能让你一瞬间产生快乐的东西，带来的只能是虚假的快乐。

你看，快乐就是非常简单的一件事，但很多人最大的问题，就是懒得去从内在寻找这些真正的快乐，反而去外界环境中寻找快乐，沉迷于各种各样的物质之中：别人有车，我也要车；别人穿名牌，我也穿名牌；别人去旅游，我也要去旅游……最后实现不了的，就会烦恼丛生，让自己陷入一个错综复杂的迷阵里，永远都出不来。你如果一直抱着这种心态去寻找快乐，最终也一定会失望。

第七章

成长的方向

> 大人者，言不必信，行不必果，惟义所在。
>
> ——《孟子·离娄下》

思维方式决定人生走向

"言必信，行必果"一直以来都是用来告诫人要讲信用的一句至理名言，被世人所推崇。但实际上，这句话是大家对孔子原话的断章取义，所以绝大多数人对这句话的理解都是有偏差的。

孔子的原话是这样说的："言必信，行必果，硁硁然小人哉。"这里所说的"小人"并不是指无耻小人，而是指那种境界低，没什么见识的人，不过也算是有点骨气和底线。这句话的意思是说，说话一定守信，做事一定有结果，这是浅薄固执的小人啊，或许也可以算是再次一等的士吧。在孔子看来，这样的人虽然也有骨气和底线,但还算不上君子。

那什么样的人才算得上是君子呢?孟子在孔子的基础上进行了补充:"大人者,言不必信,行不必果,惟义所在。"大意是说,通达的人说话不一定句句守信,做事也不一定非有结果不可,只要合乎道义就行,这样的人才称得上君子。

举个简单的例子。比如,你是公司的管理者,年初制定了年度目标,同时要求全体员工必须"言必信,行必果",年底一定要完成目标。但没想到,年中时疫情来袭,结果年初定的目标自然很难完成了。这时候,如果你依然要求大家"言必信,行必果",如果做不到就受惩罚,显然就不合道义了。

正确的做法应该是,当你发现这个目标受到疫情侵扰而很难完成时,就应该立刻进行调整。也就是说,你如果是孟子所讲的"大人",就应该不怕打脸,转变思维方式。然后跟员工说明,自己在年初时定的目标没有考虑疫情等突发因素,所以需要将目标向下调整。这样做才更容易被大家接受,也更有利于最终目标的达成。

但是,如果你始终放不下面子,不肯对目标进行调整,固执地坚持"言必信,行必果",那么,这就等于你只是在急于掌握虚无的确定性。

什么是虚无的确定性?比如,你跟别人约好一件事,告诉对方这件事绝对不能变,这叫确定性,但却没有考虑这件事有没有可能变得更好、这样绝对不变会不会伤害到其他人等问题。也就是说,你固守在思维定式上,为了牢牢地抓住这个确定性,希望所有人都跟你一样"言必信,行必果",这就是一个虚无的确定性。但是,你却没有去想这件事合不合道义,这是一种典型的"小人"做法。

孔子曾说:"我则异于是,无可无不可。"意思是说,这件事按照我说的做也行,不按照我说的做也行。并非孔子没有主见,而是他觉得事物具有复杂性,我们没有办法在短时间内衡量哪个更好,所以要像孟子说的那样"惟义所在",只要合适、合宜,就可以随机应变,见机行事。

由此可见,不同的思维方式将决定不同的人生走向,孔子所讲的"小人",思维刚性,个性固执;而孟子所讲的"大人",思维富有弹性,懂得变通。我之前读过一本书,书名就叫《弹性》。书中讲道,一个人如果缺乏弹性思维,做什么事都很刚性,撞了南墙也不回头,那么人生之路多半会走得很艰难。而且,跟这样的人合作也会很痛苦,因为他们总会拿"言必信,

第七章 成长的方向

行必果"作为最高的道德规范，要求自己的同时还强加于别人身上。

当周围的环境发生了变化，还固执地要求讲信用，这与抱柱而死的尾生又有什么区别？很多时候，我们的痛苦都是固化的认知造成的，如果能够多一些弹性思维，认知就会变得与众不同。正如《弹性》一书中指出的那样，认知的目的不是发现真理，而是找到方案。当你的头脑中多一些弹性思维，你就会跳出传统惯性思维或者说摆脱经验主义的束缚，从全新的视角出发，找出解决问题的方法。

不论是孔子还是孟子，他们所传导出来的儒家思想一直都是很灵活的。当然，我并不是建议大家要做一个善变的人，而是希望大家能够在道义不变的前提下，认识到事物的复杂性，学会用弹性思维去思考事情。

> 王如好货，与百姓同之，于王何有？
> ——《孟子·梁惠王下》

内心富足，生命会变成一部杰作

说起内心富足，很多人的理解可能是淡定、从容、平和等，这些是富足的一部分，还有更重要的一部分，就是对理想的坚持，敢于挑战自我，去尝试不一样的人生。具有这种特质的人，很少会在乎什么世俗偏见、他人说法，也很少在不同的声音面前丢失自我，而是坚持对理想的追求，跟随自己内心的热情。这样的人，就算不够优秀，内心也不会太匮乏。

但有些人刚好相反，你跟他说理想，他会说，理想我有啊，只是我没有物力、财力去实现；我也想干点有意义的事儿，可我能力欠缺，我不行呀！

这就是内心匮乏的表现，哪怕自己明明很优秀，心里也会不断自我贬低。而之所以如此，心理学家认为主要由两个因素导致：一个是从小习惯跟人比较，当发现很多人比自己优秀时，内心就会出现不平衡，于是开始不断降低对自己的评价，甚至对自己的能力产生严重的怀疑；另一个则是童年时内在的需求没有获得满足导致的一种自我亏空，比如，父母经常打击他、否定他，没能给他恰当的认同，使得他不断从自己身上找错误，也不断为自己找借口。

这种对自己过度的不认可，都有可能造成自我价值感的缺失，并且越是如此，就越是不会改变，或者不敢改变，因为怕做错、怕失败。如果连行动都没有，自然也不会有好的结果。

说到这儿，我又想起了孟子与齐宣王的一个小故事。齐宣王继续向孟子请教治国之道，孟子就给齐宣王讲了周文王的治国之策，其核心仍然是"仁政"，比如以己之心推度百姓之心，多关注百姓疾苦，优先照顾鳏寡孤独者，等等。

齐宣王是什么态度呢？

齐宣王说："您说得真是太好了！但是，我这个人有很多毛病，我喜欢钱财，还喜欢美女，我干不了呀！"孟子继续鼓励他说，你喜欢这些没什么错，古代很多贤人都喜欢，但你在满足自己喜好的同时，还能考虑一点百姓需求，就是在实施仁政了。

可齐宣王仍然觉得很难，顾左右而言他，找各种借口推脱。

从一定程度上来说，齐宣王就是在自我贬低，他不认为自己是能站出来解决问题的人，也不认为自己是一个具有高价值的人，内心认定自己做不到，所以也不敢尝试。

那么，怎样才能停止这种自我贬低，让自己的内心富足起来呢？

我认为，真正能够带来改变的，是提高我们的自尊水平。我建议大家读一读奥地利心理学家阿德勒写的一本书，叫作《自卑与超越》。在这本书中，阿德勒提出，每个人内心都或多或少有一些自卑情结，具体的体现就是，当问题出现时，个体无法适当地适应或者应对，并且坚信自己是没有办法解决的，强调自己无能为力。但是，当你能够超越这种自卑情结，把自卑变成前进的动力后，你的价值就会与整个社会价值融为一体，这时你的内心就会散发出强大的力量。

上面我讲的齐宣王的小故事，所蕴含的道理就是对《自卑与超越》最好的诠释。孟子希望齐宣王能把自我价值和整个社会价值融为一体：你喜欢钱财，就去发展经济；你喜欢美女，就让百姓都过上安定的日子，这不是两全其美的事吗？

可齐宣王不是一个有勇气的人，即使已经探讨到了实质性问题和解决方法，他也不愿做出改变，归根结底，还是因为内心有太多的匮乏和恐惧。内在的强大会决定外在的行动,内在的富足也会吸引外在的丰盛,内心匮乏,终将一事无成。

所有看起来明白道理,却找各种借口不去行动的人,即使他们有很多想法,但最终所有的想法也只能是个想法,生活不会有任何改变,内心仍然是一片贫瘠。

我们应该明白,在这个世界上,没有完美的人,每个人都有自己的短板,但这不意味着我们就应该为此自怨自艾,坐在原地抱怨命运不公,抱怨自己运气不好……重要的是敢于持续地突破生命内在的限制,不断优化心智,挖掘内在潜能,一点一点地去填补自己匮乏的地方。这样,才能让自己强大起来,让内心丰富起来,也才有可能让自己的生命从一个普通的剧本变成一部惊艳的杰作。

> 世子疑吾言乎？夫道一而已矣。
>
> ——《孟子·滕文公上》

别人能做到的事，你也能做到

我在生活中经常听到一些人讲："唉，你有天分，你能成功，我就不行了。""你条件好，能干成，我跟你比不了呀！"

这让我想起了以前讲过的一本书《王阳明大传》中王阳明见娄谅的那段场景。

王阳明在见到娄谅之前，自己一直没什么志向，学了很多东西，都半途而废了。在18岁的时候，他在江西遇到了大儒娄谅。娄谅告诉他的一句话让他受益终身，并且也改变了他的命运，这句话就是"圣人必可学而至"。意思是说，你是一个人，孔子也是一个人，孟子也是一个人，这些圣人也都是人，那他们所具备的能力，我们"必可学而至"，通过学习一定也能达到。从这件事之后，王阳明才开始立志超凡入圣。

在这个社会，肯定有些人是有天分的，比如有的人有艺术天分，有的人有体育天分。但如果你认为有天分的人才能成功，那你可能就会错过很多机会。因为当你说别人有天分的时候，你的内心其实是很放松的，你会觉得，人家有天分，我没有，我就是个普通人，所以我学不会，我不能成功。这时你内心的负担就会减轻。

但是，人本主义心理学之父阿德勒却认为，任何人都是可以做得到任何事的。而很多人之所以没有做到自己期望的事情，只是因为他们不愿意去做，缺乏去做的勇气。

孟子也曾经说过类似的话。在《孟子·滕文公上》中记载了这样一件事：滕文公还没有做国君的时候，来拜见孟子，孟子就想给这个年轻人打打气，让他明白，别人能做到的事情，他也可以做到。

孟子举了三个例子，第一个是齐国的勇士成覸。成覸要跟人决斗，齐景公很担心，就问你行不行呀？成覸回答说："他也是人，我也是人，我对他有什么好怕的呢？"这是在教人立志成人，勇往直前。

第二个例子是颜渊说的话。颜渊是学习圣贤的楷模，他一直以舜为榜样，认为既然舜和自己都是人，那舜能做到的事情，自己也能做到。这也是勉励人要善于立志，以圣人为目标来要求自己。

第三个例子是公明仪的话。公明仪是曾子的弟子，也是当时的贤人，他说："周公经常说文王是他的老师，那我也愿意以文王为师来做事！"

你看，这三个例子其实都是在教人立志、有勇气。成功的人是人，我们也是人，那些成功的人在成功之前，也和我们一样普通。而他们之所以成功了，是因为他们敢于去做、愿意去做。既然如此，他们能做到的，我们为什么不能做到呢？

我在《读懂一本书》中讲了一些自己的成长经历。很多人之前都问我，大学时读的是不是文科专业，其实我是一枚妥妥的理工男，上学时也不爱读书，认为读书很苦。我父亲是一位数学教授，受他影响，我中学期间很少能读到与数理化无关的书。考上大学后，我还一度认为以后再也不需要读书学习了。

但是，当我毕业进入电视台工作后，我发现了一个严重问题。在那里，我几乎进入到一种"无知"的状态，不论是电视台里的同事，还是我们接触的一些学者、嘉宾等，张口就能引用老子、孔子、孟子等古文中大段的原文，一字不差，而我完全跟不上。那时我突然就意识到，自己简直太无知了！但同时我也意识到，既然他们能做到，我也可以做到，所以从那时起，我又重新拿起书本读书。

在我创立樊登读书后，我越来越意识到，我们每个人都不应该妄自菲薄，天生认为自己不是干某件事的料，结果随随便便就选择了放弃。其实只要敢于尝试，愿意努力，刻意练习，就会像孟子说的那样，别人能做到的事情，我们同样能做到。我的一位朋友曾经跟我分享过一句话："只要大多数人能学会的，你就一定能学会，关键在于方法对不对，时间够不够，执行力够不够。"

当朋友跟我说这句话时，我深以为然。我也认为，想要有所成就，首先要有勇气，其次少不了刻意练习，哪怕是像我这样的理工男，读书、讲书技能和能力也都是可以练成的。我甚至还总结了一个成功做事的公式：刻意练习 = 时间 × 积累。做任何事都不要想着一步登天，樊登读书也不是一天就成功的，我自己读书，同样不是一开始就能做到一年读几百本的节奏。即使现在樊登读书的口号是"每年一起读 50 本书"，我也会建议大家读书时先定个目标，然后一步一步地按照目标实施。即使中间可能会出现读不下去的情况，也要鼓励自己坚持。当你的大脑中积累了大量的背景知识后，理解力就会逐渐升高，这样再去接触新的东西，你就会发现自己学得越来越快，距离目标也会越来越近了。

> 自暴者，不可与有言也；自弃者，不可与有为也。
>
> ——《孟子·离娄上》

任何时候都不应自暴自弃

我自己特别喜欢一本书，叫作《高效能人士的七个习惯》。我和这本书的故事要从20年前说起，那是在2002年前后，我刚到北京没多久，在中央电视台做着一些不怎么重要的节目，内心中一直有种怀才不遇的感觉，还有一点莫名的骄傲。当时有人给我推荐这本书，我一看书名，就有些不屑地说："怎么又是成功学的书？"我那时觉得，起这种名字的基本都是成功学的书。

但是，我那时感觉自己真的被生活困住了，做的节目无法成功，生活没有方向，于是就抱着病急乱投医的心态打开了这本书。结果，它真的改变了我后面的人生。

在《高效能人士的七个习惯》这本书中，第一个习惯就是积极主动，这也是我最欣赏的一个习惯。它告诉我们，不管在何种境遇下，都不要选择自暴自弃。我们的人生中有一个影响圈和一个关注圈，其中影响圈在内，关注圈在外。影响圈就是你尽到自己的努力，做自己可以改变的事情；关注圈就是你只能评论，发表意见，甚至只能愤怒、生气，但改变不了任何事情。而古今中外所有成功人士唯一的共同之处，就是把自己的精力放在了影响圈中，去努力做那些自己能改变的事情。相反，如果你天天焦虑、痛苦、指责、找借口，却不肯行动，那就是把自己困在了关注圈，这种状态就是自暴自弃，于人生毫无益处。

孟子早在几千年前就曾经诚恳地告诫人们：不管在何时，自己作践自己，都会使人意志薄弱、丧失斗志；对前途失去信心，逃避现实，畏惧困难，都不可能有所作为。并且还说："自暴者，不可与有言也；自弃者，不可与有为也。言非礼义，谓之自暴也；吾身不能居仁由义，谓之自弃也。"面对那些自己伤害自己的人，不要与他们商议事情，因为这种人说话常常会诋毁礼制，以危为安，以灾为利；面对自己放弃自己的人，也不要与他们共事，因为这种人不知上进，自甘堕落，甚至会在歪路上越陷越深，大家应该提防。

在孟子看来，语言往往代表了一个人的思想，思想则左右着行动，行动代表着习惯，习惯就决定了一个人的命运。所以孟子认为，经常诋毁礼制、道德，或者经常说自己这也不行、那也不行的人，是不可能成事的，你也别想着跟这样的人合作共事了。但我们生活中却经常遇到这样一些人，你跟他说要多读书、多学习，他就说我做不到，因为我一拿起书本就犯困，一学习就打瞌睡，这样的人就相当于放弃自己了。你也没办法跟这种人一起工作，因为他们对自己要求特别低，稍微遇到点困难就无法坚持了。你要是拿成功的案例激励他一下，他就会说，别人的成功跟我没关系，我没办法，我就是不行。经常说这种话的人，你是拉不动他们的，那唯有远离了。

真正能成大事的人，一定不会是轻易放弃自己的人，他们往往都有着很高的自尊水平，敢于正视困难，并且会努力去克服困难，这样自尊、自爱、自强的人，才有可能收获成功的果实，赢得别人的尊重。

我在中央电视台工作期间，做了很多节目，但效果都不尽如人意，收视率也不太理想。而我在大学期间，曾经获得过国际大专辩论赛冠军，那时简直是我生命中的高光时刻。从大学时期的高光时刻沦落到工作之后的无人问津，这种鲜明的对比曾一度让我十分郁闷。

但是，我又不甘心就这样堕落下去，我觉得我要拯救自己一下，于是我就抱着一种试一试的心态，开始读《论语》，想着读书也许可以改变我的未来。而随着读书的深入，我的心态逐渐发生了改变，压力也得到了疏解。那时我每天想的，就是怎样努力去提升自己的能力，不断完善自己。

这段经历后来让我懂得了一个道理：真正能给你带来改变的，能带领你走出黑暗的，不是别人，而是你自己的自信光明。是你自己拯救自己的那种责任感、动力和能力，你自己内心当中有一个向好的精神，这些才是帮助你走出困境的关键因素。

所以，即使是在失败中、黑暗中，我们都不应该自暴自弃，坐等天上掉馅饼，这是最可耻的，也是最无效的方式。我们应该从自己的内心出发，从内心迸发出一种拯救自己、让自己过上更好生活的动力、勇气与责任感。一个人人生成长最有效的方法，就是无论命运把你抛在哪一个点上，你都能就地展开，做自己力所能及的事情。无论在人生的哪一个阶段，你都要拼尽全力向上，这样的人生才会持续不断地成长和发展。

凿斯池也，筑斯城也，与民守之，效死而民弗去，则是可为也。

——《孟子·梁惠王下》

先让自己强大，再把事情做好

我记得自己在西安上大学时，一次偶然的机会，我参加了学校的辩论赛。由于刚开始接触辩论赛，我在上场前紧张得直打哆嗦，生怕自己做不好，被台下的同学和老师嘲笑。后来经过多次刻苦练习，我的逻辑变得越来越清晰了，嘴皮子也越来越利索了，以我为一辩的辩论队，还在1998年全国大专辩论会和1999年国际大专辩论赛中拿到了冠军。

我说自己的这个经历并不是为了炫耀什么，而是想说，在很多时候，我们想把一件事情做好，想要独立于世，就要不断提升自己的能力，让自己变得强大起来。你变得强大了，才能吸引到更多的强者和你并肩战斗，走上更大的舞台。并且在你足够强大后，你会发现，别人是没办法左右你的人生的，这样你才能成为自己人生和命运的主宰。

我在读《孟子》的时候，经常会被孟子的一些观点触动，比如孟子在跟滕国国君滕文公对话时，就阐述了我上面的观点。滕国是周朝时的一个小国，地方也就方圆五十里左右，周围都是大国，如齐国、楚国等。这些国家想要灭掉滕国，简直就像踩死一只蚂蚁一样容易。所以滕文公很焦虑，就问孟子，我们这样一个小国，夹在齐国、楚国这样的大国之间，该投靠哪个国家比较靠谱呢？

你如果也读过《孟子》，就会发现，那些缺乏远见的政治家，看问题时总是只看表面。比如滕文公，他就想听孟子说哪个国家更有前途，他好去选择这个国家依靠。但其实关键的问题并不在此，就像孟子说的，没人能告诉你该选哪一边，不管你选谁，那都是撞大运的事，对错各半，你也控制不了什么，相反，还可能会被别人控制。与其如此，为什么不能靠自己呢？

"凿斯池也，筑斯城也，与民守之，效死而民弗去，则是可为也。"意思是说，你挖好自己的护城河，筑好自己的城墙，和老百姓一起守城，万众一心，即使有敌人打来，老百姓感念你的恩德，也会誓死守城。这样上下相依，国家才有希望。

说到这儿，你会发现，像滕文公这样的人，他所想的都是关注圈的事，就是别人会怎么影响我；而孟子给的建议则是影响圈的建议，也就是你不要管别人怎么影响你，你要多关注自己能改变的事情，把更多的精力放在自己身上，让自己变得强大起来。你不强大，投靠谁都没用，都可能被对方吞并。只有自己强大了，得到百姓的拥戴，国家才能保住。

大家如果读过有关曾国藩的书，就会知道曾国藩在打仗时，很善于"结硬寨，打呆仗"。他到一个地方后，先在自己营地周围修墙挖战壕，壕沟外还会架上花篱，防止敌人的骑兵攻击。然后再派人全天24小时值班、巡逻，做好全方位的自保准备，接着就是跟对方耗下去，看谁耗过谁。直到把敌人耗得粮草尽无，士气低落，他再出兵，往往能出奇制胜。

这其实也是一种反求诸己的做法，不要事事都想着靠别人，不是有这样一个段子吗：靠山山会倒，靠人人会跑，只有自己最可靠。你自己强大了，走到哪儿都不怕，甚至在一个地方发挥不出才能，换个地方照样可以。

历史上有个周太王，就是周文王的祖父，他最初居住在邠这个地方，后来有狄人来侵犯他，他就迁到了岐山。但由于他一向善待百姓，为善积德，老百姓都纷纷跟着他一起来到岐山，重新建城，安定下来，并且一代代传了下去。

孟子也把这个故事告诉了滕文公，就是希望滕文公明白，只要你实施仁政，做好你自己该做的事情，即使你失去了滕国，换个地方照样有百姓拥戴你，你也照样能重新建立起自己的国家。

这个道理在今天同样适用，很多人遇到问题时，总喜欢问别人该怎么办，或者我能不能让别人帮我解决问题。殊不知，与其为这些事情焦虑，不如换个思路寻找突破点。比如，经常有读者问我："樊老师，您倡导读者每年一起读50本书，我也想像您一样，多读些书，可是我没时间啊，怎么办？"

如果你真的想做好这件事，你完全可以找到很多方法，比如利用碎片时间读书，工作之余、晚上睡前等时间，都可以见缝插针地读几页，养成习惯后，读书慢慢就会成为像吃饭、睡觉一样平常的事；你也可以选择听书，现在听书的渠道很多，在做家务、洗漱、锻炼时都可以听。只要有热情和兴趣，就不会存在没时间的困扰。

总之，我希望大家记住一句话，唯一能给你的生活带来改变的，就是让自己具有把事情做好的能力，而不是胡思乱想或怨天尤人，这些都不能解决你的困境。你把自己该做的每件事都做好、做到极致，自然就可以独立于世。这是一个国家的生存之道，也是一个人的生存之道。

原泉混混，不舍昼夜，盈科而后进，放乎四海。有本者如是，是之取尔。

——《孟子·离娄下》

脚踏实地才能走得更远

中国古人常说，一个人最凶险的状态叫作德薄而位尊。意思是说，如果一个人的德行不到位，无法配得上自己过高的地位，那他就会变得非常危险。"位高而德薄，力小而任重，此万祸之源也。"

我国古代有两个时间节点恰如其分地解释了什么叫德不配位，一个是西晋，司马懿父子发动高平陵政变夺取曹魏政权，最终开创西晋。看似是世家大族对平民庶族的一次胜利，然而司马家既没有名正言顺的传承作为法统的本源，其后代也没有相应的执政能力来确保政权稳固和民族融合，于是招致了中国历史上各个领域发展的断崖式下跌，"八王之乱"让整个国家分崩离析，而"五胡乱华"更是几乎招致了华夏文明的覆灭。

第二个时间阶段就是宋徽宗时期。宋徽宗赵佶这个人，按郭德纲的话说，哪儿都好，唯独不适合当皇帝，最终导致了靖康之变。南宋的儒家思想集大成者朱熹曾经痛心疾首地评价了这一时期，他说你看看徽宗那一朝，古往今来，就算一个国家的君主再昏聩，也还能做一两件对的事，可是徽宗连一件对的事儿都没做过！

朱熹的话大体意思是这样的。你要知道，朱熹之于儒学思想，是绝对的集大成者，他在儒学的地位完全不亚于高斯、黎曼、庞加莱等人在自然科学领域的地位。如此伟大的学者，评价北宋末年的时候，丝毫不留情面，宋徽宗其人其言其行，由此可见一斑。

上面两个例子就是德不配位的真实写照。其实它映射的道理是，人在什么状况下，就应该做适合当时处境的事。应该按部就班、脚踏实地地开展自己的事业，让自己的德行与地位"名副其实"。

关于这一点，孟子的学生徐辟问了孟子一个关于"水"的问题，令人深思。徐辟的问题大致意思是："先圣孔子不止一次地称赞水，他觉得水到底有哪些可取之处呢？"

孟子回答道，水流昼夜不停地灌满沟渠，进而流入河流，最终汇入大海，凡事都有本源，孔子称赞水，称赞的就是这一点。如果事物无本无源，好比七八月份一场大雨，下起来把沟壑全都填满，但是这样的雨水又能持续多久呢，沟壑很快就会干涸。所以，名不副实的事情，作为一个君子是很引以为耻的。

德不配位，就名不副实，名不副实，就不要硬来，否则会出大问题。这是易懂却又无比深刻的道理。对人而言，实绩大过名声，是好事，但名声大于实绩，绝对是要引以为耻的。这个道理放到现在同样重要、同样适用。当今社会，很多人放弃了沉淀自己，急躁而冒进的现象越来越多，急功近利、急于求成。比如当下短视频的形式非常火爆，有些人就不惜投入大量时间与金钱去学习怎么做短视频，怎么快速加粉等，都希望自己能快一点成名，获得更高的地位和更多的金钱。也有很多做短视频的播主，为了能够得到更多的粉丝，采取了各种各样的套路。

我在直播的时候就有好多观众建议我说，樊老师你要和大家多多互动，比如你要称呼你的观众"老铁"或者"宝宝"。我就很费解，为什么我要将观众朋友喊成"宝宝""老铁"呢？这有什么意义吗？

后来我才知道，原来这是现在做直播和短视频的一种模式,就是你用一些比较亲热的称呼去称呼你的观众,观众就会进入一种情感式的催眠状态,他会认为你在乎他,你听他的话。这时你再诱导观众进行打赏,他们就会愿意花钱做这种事,这是一种快速讨好观众,并获得粉丝和礼物的套路。而我不喜欢做这件事,所以我们直播间现在禁止打赏。

很难想象,我要是选择了那样的一条路,我们的事业最终会是一种怎样的归宿。

我认为一个人要先做好自己该做的事,才会有更好的发展。比如我现在该做的事情就是给大家推荐几本好书,大家看了书以后能从中获取到知识,变得更优秀,能起到好的作用,那我的内心就已经满足了。

推荐好书这件事情,我已经坚持了很多年。拥有本源的水才能够源远流长,永不枯竭。当你的知识足够丰富,道德水平日渐提高,那我们就会成为有源之人,就会像有源之水一样,取之不竭,拥有更长远的未来。而不是像现在的网红一样,碰到一场流量的红利突然爆火一段时间,然后迅速降温,几天不到大家就完全忘了这个人的存在。原因就是他们根本没有真才实学,看着好像盈满,实则是无源之水。等观众们看腻了,他们这池雨水也就干涸了。

在历史上,在各个领域,我们所熟知的一个个星光璀璨的名字,从来都是一些注重本分,回归本源,修身修德,养深而蓄厚的人。所以说,要做有源之水,而不要做无本之雨。正所谓,"君子务本,本立而道生"。一定要脚踏实地地将一件事情做好,让它成为自己的本源,那才能获得真正的成功。

> 西子蒙不洁，则人皆掩鼻而过之；虽有恶人，齐戒沐浴则可以祀上帝。
>
> ——《孟子·离娄下》

世上总有人比你天赋高，还比你努力

在生活中，你会发现一个很普遍的现象，有人工作学习上手很快，通俗地讲叫作"一点就透"，而且像海绵一样快速地吸收着知识养分，这样的人，往往被认为是有天赋。而那些学什么都要学好几遍的人，通常被认为是天赋差的表现。但事实真的是这样吗？

举一个最简单的例子，如果你中学毕业了几年甚至十几年，再让你背诵贾谊的《过秦论》，你可能几乎忘干净了，但是如果你6岁学会了骑自行车，你到60岁也不会忘记自行车该怎么骑。

绝大多数人的大脑记忆，远没有肌肉记忆来得那么深刻。骑自行车就是肌肉记忆，通过不断摔打，形成条件反射，让肌肉的每一根神经知道在骑自行车的过程中应该做出什么反应，进而完成哪些动作。这种刀刻斧凿般的记忆训练，被人们概括归纳为两个字——努力。

你也曾努力地背诵过那些诗歌，而一旦它们不需要再应付考试而显得不那么重要的时候，大脑会快速地淡忘它们。因此，要让大脑的记忆变得像肌肉的记忆一样强，同样需要那种"刀刻斧凿"般的努力，这要比肌肉记忆更加复杂和漫长。遗憾的是，越来越多的人为了逃避这种努力，给很多事情强加了一个"伪命题"般的概念——天赋。

关于努力与天赋之间的相互转化，孟子的话带有十分明显的哲学色彩，他用浅显易懂的两分法，从人的外表"美丽与丑陋"的角度给了我们这样的启示：人的美与丑，进而到善与恶，在一定条件下是可以互相转化的。即便是美艳动人的西施，如果身上沾染了难闻的污垢，别人也会掩鼻而过。而一个丑陋的人，如果能坚持每天斋戒沐浴，保持一颗真诚的心，久而久之他也具备了祭祀天神的资格。

我曾讲过的一本揭露天赋秘密的书，书名叫《刻意练习》，是著名心理学家安德斯·艾利克森经过十几年的研究做出的总结。他得出的结论是:"世界上根本没有天分这种事情,像莫扎特和帕格尼尼这种被全世界公认为天才的著名音乐家,也并没有所谓的天分,所有的才华都是通过后天不断的刻意练习做到的。"

NBA名人堂级别球星雷·阿伦是篮球历史上最伟大的神射手之一,他以赛场上的沉着冷静和精准无比的远程投射闻名。然而雷·阿伦在高中时代的投篮能力其实很平庸,在同时期的队友里他的表现并不突出。但雷·阿伦从没向命运低头,经年日久的苦练,让他的投篮变得精准而优美,让所有对手闻风丧胆。精湛的球技和良好的体育道德也让他赢得了"君子剑"的美名。其篮球生涯取得的辉煌成就让媒体标榜他就是天生的三分神射手。然而他在自己的退役仪式上却说道:"我从来不相信什么天分,我只是利用了真正的天分——努力。"

如果我们把目光聚焦到体育界,类似这种天赋与努力相互转化的实例比比皆是。

巴西足球运动员帕托因其出色的控球技术和灵动的快

速突破，年纪轻轻便取得欧洲豪门俱乐部AC米兰队的垂青，这位天赋异禀的少年17岁便开启自己的职业生涯，翌年便以2200万欧元的天价转会费登陆亚平宁。帕托很快成为冉冉上升的足坛新星，"天赋异禀""巴西金童"等赞美之词纷至沓来。然而成名之后的帕托没有对自己的"天赋"善加利用，极差的自律性让他频繁缺席训练，他频繁混迹夜场，在酒精的麻醉下肆意挥霍青春，导致状态严重下滑。此后的他迅速遭到豪门球队弃用，在辗转了多家俱乐部后，2018年，年仅29岁的帕托落选俄罗斯世界杯巴西国家队大名单，一代天之骄子，迅速陨落，泯然众人。

用两分法来解释努力与天赋的关系简直再合适不过了。上面的事例也恰恰说明了其中的关系。努力才是我们的天赋，通过努力，我们可以像雷·阿伦一样，获得如同天赋一般的能力。而拒绝努力，盲目地仰仗自己所谓的天赋，也会付出痛苦的代价。除此之外，对于努力这件事，什么时间都不晚，什么状态都合适——中国女排就给我们做了很好的示范。

> 于不可已而已者,无所不已。于所厚者薄,无所不薄也。其进锐者,其退速。
>
> ——《孟子·尽心上》

探求与求知永无止境

曾经有一位老人语重心长地对我说:"我这一辈子最后悔的事,就是在40岁那年就被评上了大学教授。"

我很不解,现在很多大学的讲师、副教授都以尽早评上教授为自己追求的目标,而他为什么要后悔呢?

他告诉我,以前这也是他的理想,但由于理想过早实现了,评上教授以后就再没有像以前那样努力探索过。"在评上教授以前,我有很多学术成果,也写过很多优秀的文章,但评上教授以后,在别人眼中我的身份地位都提升了,但是只有我自己清楚,我探索的动力正在慢慢消退,现在想起来真的很后悔。"

这个人就是我的父亲，他的话使我感触良多。

人一出生，从睁眼的那一刻起，就开始探索这个世界，一点点地长大，学会了走路，学会了奔跑，学会了复杂的母语。然后就开始了漫长的学生时代。在这个时期，不同的人有了不同的选择，有的人努力学习，为了将来得到一份好的工作，还有人不努力学习，被社会上的各种诱惑所吸引。这时有些人就放弃了探索，而有些人则将探索涂上了其他颜色。这时，很多人就放弃了一些非常重要的东西。

孟子在如何选择与放弃的话题上也有深刻的思考，他说："于不可已而已者，无所不已。于所厚者薄，无所不薄也。其进锐者，其退速。"意思就是说，人的一生中总有一件最重要的事是永远都不能停下来的，如果我们把不能停的事情停下来，那就没有什么事情是你不能放弃的。那我们可以思考一个最简单的在我们一生中都不能停止的东西，比如呼吸。呼吸这件事我们每时每刻都在做，一天多达几万次。假如一个人说我在某一天把呼吸给停了，这就叫作"不可已而已者"。

有人一定会问，如果孟子所说的是呼吸一样的事，比如吃饭、睡觉，那他说这些有什么意义，因为这是不言而喻的事情。当然，作为教育家的孟子不会这么肤浅，在他看来，在人生当中还有一件很重要的事是时刻不能停止的，那就是择善固执，就是你要不断地去修养自己的身心，不断地反省自己的不足，然后改正，使自己不断进步。这件事是绝对不能停下来的，不管你获得过多高的荣誉，有多强的能力，赚了多少钱，这件事都不能停止。

如今很多人在社会上打拼，有的为名，有的为利，而且现在随着网络行业的不断丰富，一些聪明的年轻人很早就实现了名利双收。当然有些人会利用自己的成功使自己逐渐进入到一个良性循环之中，但也有人获得名利以后就停止了探索，开始享受生活，这样的人就会渐渐感到自己灵魂深处的空虚。

所以我们永远都不要停止探索的脚步，孔子曾说"逝者如斯夫，不舍昼夜"。我们会发现，很多名利即使你得到了也并不受你的控制，有时会不经意间从你的身边流过，只有在不断探索中学到的东西才不会轻易地流走，比如口才和我们用心得到的知识与技能，这些东西给予我们的快乐是任何人想夺也夺不走的。

> 取诸人以为善,是与人为善者也。故君子莫大乎与人为善。
>
> ——《孟子·公孙丑上》

保持终身成长的习惯

在《爱丽丝梦游仙境》一书中,红皇后曾说过这样一句话:"你只有不停地奔跑,才能维持在原来的位置上。如果你想突破现状,就要以两倍于现在的速度去奔跑。"后来这句话还被赋予了一个有点童话色彩的名字——红皇后效应。

"红皇后效应"其实说明了两层意思:一是你要努力保持奔跑的速度;二是你要不断突破现状,超越他人。只有这样,你才能更好地生存。用中国的老话来说,就是逆水行舟,不进则退。

在生活、学习和职场当中,我们每个人都是一样的,不管身在何地、自己处于何种状态，不想被淘汰，就要保持向前奔跑的姿态，不断学习别人的长处，提升自己的能力，让自己保持终身成长的状态。

不过，很多人是做不到这一点的。人是一种很自我的动物，喜欢对别人的事妄加揣测，还喜欢表达自己主观武断的观点，喜欢固执己见，做事时经常自以为是。这些毛病几乎人人都有，为了纠正这些毛病，孔子就提出了人生"四戒"："毋意，毋必，毋固，毋我。"意思是说，人不应该凭空臆测，不应该绝对肯定一件事，不应该固执己见，也不应该自以为是，否则，就容易对一些事情先入为主，对自己的想法过于执着，看不到别人的优点，更难以做到舍己从人，即使别人的意见更合理，也不愿意接受，这样，你就无法获得自我成长和自我完善。

在孔子看来，君子最高的境界就是始终向他人的优点看齐。其实不只孔子，古代的先贤大家们都很善于学习他人，完善自己，孟子也是如此。孟子就曾经说过："取诸人以为善，是与人为善者也。故君子莫大乎与人为善。"意思是说，我们要善于多从别人身上吸收好的东西。这里有个成语，就是"与人为善"，这个成语在今天的含义是要善意地帮助别人，对别人好一点。但孟子所说的"与人为善"并不是这个意思，而是说看到别人有好的思想、好的做法时，我们要向他看齐，向他学习，不断学习对方身上好的地方，让自己变得更好。简而言之，就是我们能够减少我执，保持谦虚的心态，让自己保持不断学习和成长的状态。

《终身成长》这本书也提到，世界上只有两种人，一种是固定型思维的人，这种人总认为自己是对的，看谁都比自己笨，时时刻刻都希望维护自己的面子，觉得自己今天一城一池的得失都非常重要；另一种则是成长型思维的人，他们永远都走在进步和成长的路上，不怕承认自己的错误，也不怕出丑，在他们看来，自己只需要考虑一件事，就是我能不能从中学到东西，我可不可以变得更强，我能不能够继续成长。哪怕是承认自己落后也没关系，因为最重要的一件事情就是成长。

但是，要做一个成长型思维的人并不容易，虽然我们常说要"从善如流"，看到别人的优点，听别人说得对的，就要虚心接受，可真正能做到的少之又少。有句俗语叫"从善如登，从恶如崩"，一个人想学好、想进步，就像攀登高山一样难，你要一步一个脚印地向上爬，不但会让身体疲乏，还可能摔跤。但如果要变坏，要放弃一件事，那就像山上的石头崩塌一样，瞬间就落下来了。

我在一次讲课过程中，有个女生就问我一个问题，说：

"樊老师,我以前在高中时是个学霸,但上大学后慢慢就变得浑浑噩噩了,经常跟大家一起打游戏,《王者荣耀》《英雄联盟》我都会打。但大学毕业后,我发现那些曾经跟我一起打游戏的人都找到了自己的归属和定位,可我却不知道自己该做什么。我没有特别感兴趣的事情,也没有特别喜欢的工作,我父母现在甚至每天给我安排相亲,想让我通过婚姻改变现状,我不知道这样对不对?"

这让我想起了另外一个女孩,她也是大学毕业后,对未来一直缺乏目标和追求,不知道自己该干啥。后来在朋友怂恿下,她就自己开了个小店,卖梅子,因为她自己很喜欢吃梅子。店开起来后,她发现想把店开好,自己要学的东西太多了,于是就逼着自己学习,结果还真学到了很多管理知识,不但把自己的小店打理得井井有条,现在还开设了十几家分店。

所以我就建议这位女生,多看看身边的人都在做什么,多深入地去学一些东西,有些事情只有深入进去,才能真正找到乐趣,获得成长。

《活出生命的意义》中就说,当你觉得生活失去方向、没有目标、丧失意义的时候,抱怨、喝酒、旅行等,未必能解决问题。这时你要认真思考一下，生命的意义到底是什么。这个世界正处于一种不好的状态之中，除非我们每个人都能做出更大的努力，否则世界上的每件事都会变得更坏。

它其实就是告诉我们，到最后能够给我们带来成就感和长期持续幸福的东西，就是你能够不断地进步，找到更多体现你生命意义和价值的东西。为什么很多时候我们玩游戏、刷手机，甚至吃喝玩乐都感觉没意思？原因就是这些除了带给我们短暂的感官刺激和兴奋之外，没有任何其他意义，也不能给我们带来任何的成长和成就。

所以，一个人保持终身成长非常重要。其实我们认真思索一下就会发现，我们做对的所有事情背后，一定都具备一个成长型思维；而我们做错的所有事情背后，也一定会有一个固定型心态。这个世界上的哲学就是这样：没有什么事只有哪些人能够做到，只要有一个人能做到，全世界的人应该都能做到，剩下的事就是不断去努力了。善于"与人为善"，善于学习他人的优点和经验，这也是治愈一切失意、自卑，让自己变得更加优秀、更加完善最快的方法。